GUIA PARA A COMPRA E VENDA DE EMPRESAS

- Avaliação e Negociação
- *Due Diligence*
- Aspectos Jurídicos e Societários
- Governança Corporativa nas Empresas Negociadas

O GEN | Grupo Editorial Nacional reúne as editoras Guanabara Koogan, Santos, Roca, AC Farmacêutica, Forense, Método, LTC, E.P.U. e Forense Universitária, que publicam nas áreas científica, técnica e profissional.

Essas empresas, respeitadas no mercado editorial, construíram catálogos inigualáveis, com obras que têm sido decisivas na formação acadêmica e no aperfeiçoamento de várias gerações de profissionais e de estudantes de Administração, Direito, Enfermagem, Engenharia, Fisioterapia, Medicina, Odontologia, Educação Física e muitas outras ciências, tendo se tornado sinônimo de seriedade e respeito.

Nossa missão é prover o melhor conteúdo científico e distribuí-lo de maneira flexível e conveniente, a preços justos, gerando benefícios e servindo a autores, docentes, livreiros, funcionários, colaboradores e acionistas.

Nosso comportamento ético incondicional e nossa responsabilidade social e ambiental são reforçados pela natureza educacional de nossa atividade, sem comprometer o crescimento contínuo e a rentabilidade do grupo.

GUIA PARA A COMPRA E VENDA DE EMPRESAS

- Avaliação e Negociação
- *Due Diligence*
- Aspectos Jurídicos e Societários
- Governança Corporativa nas Empresas Negociadas

Érico Luiz Canarim

João Luiz Coelho da Rocha

José Carlos Pereira

Paulo Gurgel Valente
(Organizador)

Os autores e a editora empenharam-se para citar adequadamente e dar o devido crédito a todos os detentores dos direitos autorais de qualquer material utilizado neste livro, dispondo-se a possíveis acertos caso, inadvertidamente, a identificação de algum deles tenha sido omitida.

Não é responsabilidade da editora nem dos autores a ocorrência de eventuais perdas ou danos a pessoas ou bens que tenham origem no uso desta publicação.

Apesar dos melhores esforços dos autores, do editor e dos revisores, é inevitável que surjam erros no texto. Assim, são bem-vindas as comunicações de usuários sobre correções ou sugestões referentes ao conteúdo ou ao nível pedagógico que auxiliem o aprimoramento de edições futuras. Os comentários dos leitores podem ser encaminhados à **LTC — Livros Técnicos e Científicos Editora** pelo e-mail ltc@grupogen.com.br.

Direitos exclusivos para a língua portuguesa
Copyright © 2014 by
LTC — Livros Técnicos e Científicos Editora Ltda.
Uma editora integrante do GEN | Grupo Editorial Nacional

Travessa do Ouvidor, 11
Rio de Janeiro, RJ — CEP 20040-040
Tels.: 21-3543-0770 / 11-5080-0770
Fax: 21-3543-0896
ltc@grupogen.com.br
www.ltceditora.com.br

Capa: Leônidas Leite

Editoração Eletrônica: Hera

CIP-BRASIL. CATALOGAÇÃO NA PUBLICAÇÃO
SINDICATO NACIONAL DOS EDITORES DE LIVROS, RJ

C221g

Canarim, Érico Luiz et al.
Guia para a compra e venda de empresas: avaliação e negociação, due diligence, aspectos jurídicos e societários e governança corporativa nas empresas negociadas / Érico Luiz Canarim et al.; organização Paulo Gurgel Valente. - 1. ed. - Rio de Janeiro : LTC, 2014.
il. ; 23 cm.

Inclui apêndice
Inclui índice
ISBN 978-85-216-2625-1

1. Empresas - Compras. 2. Negociação (Administração de empresas). 3. Vendas. 4. Vendedores. 5. Compradores. I. Valente, Paulo Gurgel. II. Título.

14-11032   CDD: 658.16
                                       CDU: 65.016.1

Apresentação

Como qualquer atividade de maior complexidade no mundo de hoje, a venda ou a compra de uma empresa requer um conhecimento especializado sobre como conduzir o processo. Nesta obra, os autores colocam o seu conhecimento à disposição de eventuais interessados de uma maneira fácil de ser entendida. São ensinamentos preciosos que auxiliam o leitor no complexo processo que é a negociação de uma empresa, em que a metodologia é fundamental.

O encaminhamento adequado da avaliação da empresa, as comparações com outras similares do ramo que já foram negociadas, a busca dos eventuais interessados, a condução adequada das negociações, a estruturação correta do negócio são todas questões fundamentais para o empresário que deseja ingressar num processo de venda de sua empresa.

Mas não é só isso. Negociar uma empresa envolve emoções. Às vezes, é a história de toda uma vida, de toda uma família, que está sendo avaliada. As emoções são fortes e podem inviabilizar o negócio. Essa é mais uma razão para se buscar o auxílio de um profissional experiente e equilibrado, que certamente facilitará o encaminhamento das negociações, evitando o embate direto entre o vendedor e o comprador.

No passado, nem sempre se buscava o auxílio de um intermediário, mas, com a abertura da economia e a maior sofisticação dos negócios, tornou-se comum a utilização de profissionais de *merger* & *acquisiton* (M&A) no encaminhamento desse tipo de operação. É uma tendência saudável, na medida em que podem ocorrer fracassos espetaculares quando empresas, mesmo as maiores do país, se aventuram nessa atividade sem a ajuda de especialistas.

O trabalho realizado pelos autores é preciso e didático, deixando claro o que deve ser feito, o que não deve ser feito, e nos dando sugestões detalhadas sobre como fazer, evitando riscos desnecessários. Os autores estão de parabéns por terem dado uma importante contribuição à arte de comprar e vender empresas.

Francisco Gros (1942-2010)
Presidente do Banco Central (1987, 1991 e 1992),
presidente do BNDES (2000 a 2002) e presidente da Petrobras (2002)

Prefácio

Em boa hora a LTC Editora traz a lume este *Guia para a Compra e Venda de Empresas*.* Esta obra reúne ensaios de quatro profissionais com amplo conhecimento prático e teórico no tema. São relevantes contribuições, originalmente apresentadas em um ciclo de seminários realizados no Instituto Brasileiro de Executivos Financeiros (IBEF), Rio de Janeiro, a partir de 2005, enriquecidas a partir das perguntas levantadas, dos consequentes debates e das dúvidas e dos desafios dos tempos recentes. Para sublinhar a oportunidade desta edição, basta mencionar que foi em agosto de 2008 que redigi o prefácio de *Compra e Venda de Empresas*, um mês antes da verdadeira implosão da economia global que se seguiu à quebra do Banco Lehman Brothers.

O livro responde ao crescente interesse dos empresários, sobretudo os de porte médio e pequeno — a maioria do universo empresarial brasileiro — em preparar-se para enfrentar de forma profissional, eficaz e vantajosa, a necessidade ou oportunidade de reposicionar-se — sempre que a continuidade de sua empresa estiver ameaçada no mercado, ou que novas realidades o aconselharem — através de compra, fusão, inclusão em cadeias empresariais (networks) ou venda.

A decisão de fazê-lo pode ser a melhor maneira de responder aos múltiplos desafios referidos na Introdução pelo organizador da obra, Paulo Gurgel Valente: sucessão familiar incerta, abertura da economia, globalização, inovações tecnológicas em passo acelerado, além da acirrada concorrência externa, competitividade corroída por custos crescentes

---

*Este volume amplia e revisa a edição dos mesmos autores denominada *Compra e Venda de Empresas*, Editora Campus-Elsevier, 2009, tendo sido adicionados o Capítulo 5 e o Anexo sobre Gerenciamento de Riscos na Governança Corporativa. Nossos agradecimentos aos economistas Diogo da Ponte Portela Ribeiro e Victor da Silva Catharino pelas sugestões e revisões do texto.

e produtividade estagnada. O desafio do país e de suas empresas de se manterem competitivos acentuou-se, nas últimas décadas, pela rápida inserção no cenário econômico mundial, da China, da Índia, dos países que integravam o Bloco Soviético — antes fechados por natureza — e de muitos países emergentes cujas economias têm-se revelado de alta produtividade e inovação.

Ao enfatizar o surgimento quase dramático desses novos atores dinâmicos na economia global, o ex-presidente do Banco Central norte-americano, Ben Bernanke, ressaltou que a emergência da China, como formidável máquina exportadora — verdadeira fábrica do mundo — alterou, em menos de 30 anos, a economia mundial, o que, por sua escala e velocidade, representa fato inédito na longa história da integração econômica global, alterando, ou até mesmo superando, a dialética centro-periferia.

O desafio chinês está nos obrigando a repensar, modernizar e reestruturar o parque industrial instalado, eis que medidas protecionistas, além de apenas paliativas e transitórias, só são capazes, na melhor das hipóteses, de defender nosso mercado doméstico, agravando, entretanto, nossa competitividade em terceiros mercados, cujo exemplo paradigmático são as duras perdas que nossos exportadores, sobretudo os de produtos manufaturados, sofreram no mercado importador americano, o maior do mundo. O mais agudo impacto da arrancada chinesa, de fato, está sendo sentido em terceiros mercados tradicionais pelas empresas exportadoras de nossos produtos industrializados que, salvo algumas honrosas exceções — a Embraer é o exemplo mais eloquente —, ainda utilizam tecnologias maduras, geralmente de baixa ou média intensidade tecnológica.

O impulso para a necessária aglutinação e o reposicionamento empresarial, aliás, não se restringe às pequenas e médias empresas, nem apenas às empresas dos países emergentes. No âmbito global, a escala de fusões e aquisições de dimensão mundial continua a surpreender, ano a ano. A fusão (ou aquisição — os conceitos às vezes se confundem), na área siderúrgica, entre a indiana Mittal e a europeia Arcelor, a compra da Inco canadense pela Vale, e da Budweiser, Burger King e Heinz pela InBev e 3G, deixam claro o novo dinamismo — como protagonistas e não mais apenas como objetos —, das economias emergentes e de suas principais empresas "multinacionais". Se os novos desafios são enormes, também o são as novas oportunidades, não só em função do crescimento do novo mercado doméstico de capitais, senão também pela possibilidade de acesso a novas tecnologias e fontes de capital, e pela inserção em cadeias de valor, tanto de produção, quanto de distribuição, alternativas que podem exigir fusão, aquisição ou venda. O importante é encontrar fórmulas duradouras de solução, em vez de soluções fáceis, hoje, com potencial de se tornarem problemas ainda mais difíceis, amanhã.

Há que acrescer que o enfrentamento dos desafios e o melhor aproveitamento das oportunidades exigirão que todos os fatores arrolados acima, por serem inter-relacionados, sejam devidamente levados em conta. É o que nos oferece a competência, o profissionalismo e o conhecimento especializado dos quatro especialistas que se uniram com o propósito de compartilhar sua *expertise* com os médios e pequenos empresários brasileiros. Estes, por si só, já são verdadeiros heróis: além dos novos desafios, têm de lutar diuturnamente com as antigas distorções de nosso anquilosado sistema econômico — custo de capital elevado, mercado volátil, carga tributária sufocante, desconcertante incerteza jurisdicional e regulatória, burocracia acachapante.

Esta edição surge enriquecida de um capítulo e de um Anexo que vem complementar, de forma oportuna e louvável, os ensinamentos aos empresários que se engajarem em operações de compra, venda ou fusão de suas empresas.

Assim é o que o Capítulo 5 chama a atenção para a relevância que assume a boa governança corporativa nas empresas negociadas, para evitar desnecessárias controvérsias entre acionistas possivelmente acostumados a métodos, normas e tradições diversas de gestão empresarial. Impõe-se, portanto, prevenir tais desencontros através de acordos que se proponham a definir direções a tomar, assim como formas de mitigar ou dirimir eventuais divergências ou conflitos que venham a surgir.

Tal precaução deve abarcar também a preocupação de alinhar valores e culturas diferenciadas, sobretudo em casos de fusão, para o que a adoção previamente negociada de Códigos de Conduta e sistemas de *compliance* pode ser essencial, especialmente após a recente entrada em vigor da legislação que caracteriza a responsabilidade penal das próprias empresas.

O Anexo, por sua vez, versa sobre a necessidade de rigoroso gerenciamento de riscos de toda ordem, tornada ainda mais evidente pelas dramáticas consequências, para algumas tradicionais e até então bem-sucedidas empresas brasileiras, da assunção através de derivativos de riscos desproporcionados, travestidos de oportunidades quase irrecusáveis, assim como pela aguçada volatilidade e imprevisibilidade, tanto do mercado, quanto de outros fatores exógenos, como o climático. Entre nós, acresce a incerteza em relação à continuidade tanto de políticas macro e microeconômicas quanto de marcos legais e regulatórios.

São, pois, dignos de especial louvor o organizador deste livro e seus três coautores, assim como a LTC Editora, por terem persistido no esforço para decifrar aos empresários, em linguagem técnica, porém acessível, caminhos alternativos para superar os múltiplos desafios que os assombram e para aproveitar as promissoras oportunidades que os novos tempos não deixarão de lhes oferecer.

Marcílio Marques Moreira
Ministro da Economia, Fazenda e Planejamento (1992 e 1993)

Sumário

Introdução 1

1 Como comprar e vender uma empresa 5
José Carlos Pereira

- 1.1 O perfil e o papel do consultor 6
- 1.2 Conhecer o valor do negócio 10
- 1.3 Preservar o sigilo 11
- 1.4 Os riscos de negociar por conta própria 11
- 1.5 Os diversos tipos de compradores 12
- 1.6 Negociando com concorrentes 13
- 1.7 Negociando com grupos de investimentos 14
- 1.8 Como negociar com compradores individuais 16
- 1.9 Apresentar informações no tempo certo 17
- 1.10 Documentação 18
- 1.11 Dez erros mais frequentes na venda de um negócio 20
- 1.12 Evitar precipitação na conclusão do negócio 22
- 1.13 O marketing do consultor para vender uma empresa 22
- 1.14 O mercado no Brasil e no exterior 25
- 1.15 Os negócios por trás das grandes fusões e aquisições 26

2 Avaliação e negociação 29
Paulo Gurgel Valente

- 2.1 Por que comprar ou vender uma empresa? 30
- 2.2 Quanto vale a empresa? 32
- 2.3 Múltiplos de faturamento 46
- 2.4 Modelo estimativo do valor da marca de uma empresa (*on going business*) 52
- 2.5 Como transacionar as empresas: passo a passo 58
- 2.6 Diagnóstico empresarial 62

3 *Due diligence* contábil   69
Érico Luiz Canarim

3.1 Introdução   70
3.2 Papel do auditor independente em uma *due diligence*   71
3.3 Fluxo das operações de uma empresa   71
3.4 Principais componentes do balanço patrimonial   73
3.5 Conteúdo do relatório do auditor   85

4 As exigências e os cuidados jurídicos   89
João Luiz Coelho da Rocha

4.1 Introdução   90
4.2 A validade dos títulos representativos de capital   93
4.3 Exame dos bens e direitos da sociedade de uma empresa (os ativos)   95
4.4 A análise dos passivos   101
4.5 Compra ou sucessão de ativo   103
4.6 O caso da Initial Public Offer (IPO – Oferta Pública Inicial de Ações)   104
4.7 Os acordos de confidencialidade   105

5 Governança Corporativa nas empresas negociadas   107
João Luiz Coelho da Rocha e Paulo Gurgel Valente

5.1 Introdução   108
5.2 Governança Corporativa   109
5.3 Administração da empresa   114
5.4 A propriedade das ações ou cotas   118
5.5 A cláusula de não concorrência   120
5.6 Responsabilidades após a negociação — contingências ativas e passivas   121
5.7 Política de dividendos   121

Anexo   Gerenciamento de riscos na Governança Corporativa   123
Paulo Gurgel Valente

A.1 Introdução   124
A.2 Riscos identificáveis por meio dos demonstrativos financeiros   127
A.3 Riscos exógenos às demonstrações financeiras   131
A.4 Casos recentes de erros de Governança Corporativa em administração de riscos no brasil   137

Introdução

Este livro foi concebido a partir de um seminário apresentado inicialmente em 2005 no Instituto Brasileiro de Executivos Financeiros (IBEF), no Rio de Janeiro, sobre "Compra e Venda de Empresas", e sucessivamente objeto de revisões e atualizações.

A concepção inicial do seminário foi apresentar, em linhas gerais, numa proposta até então inédita, no espaço de uma manhã de trabalho, o conjunto de visões teóricas e experiências práticas complementares nas diferentes etapas e nos aspectos das fusões e aquisições de empresas no Brasil.

A necessidade de se debater e profissionalizar essa atividade no país vem se intensificando, a partir do início da década de 1980, em função de diversos acontecimentos na economia brasileira:

- O amadurecimento do desenvolvimento industrial iniciado nos anos 1950, já que as famílias dos fundadores das empresas estavam enfrentando novos cenários, tanto pela sucessão de seus negócios como pela maior exposição aos investidores externos;

- O movimento de privatização iniciado nos anos 1980 e acelerado nos anos 1990;

- As importantes mudanças tecnológicas que trouxeram novas perspectivas para as empresas já instaladas, abrindo alternativas e oportunidades; e, finalmente,

- A maior abertura ao exterior e a globalização que vieram oxigenar o cenário empresarial do país.

A crise de 2008/2009, deflagrada a partir da inadimplência do mercado de crédito imobiliário nos EUA, e cujo clímax se configurou em setembro de 2008, com a quebra do Banco Lehman Brothers, ainda tem efeitos atualmente. O índice mais claro da permanência de um ciclo complicado é a taxa de juros do Federal Reserve (FED — a autoridade monetária norte-americana, praticamente banco central do mundo inteiro), ainda definida entre 0% e 0,25% ao ano. Somente no final de 2013 e início de 2014 o FED vem reduzindo a liquidez do mercado, comprando menor volume de títulos como retorno a um período normal. Salta aos olhos o baixo valor em vários séculos de taxa básica de juros do FED, o que indica que alguma coisa grave ainda persiste, e que afeta o movimento de troca de bens e suas avaliações de forma direta, mas não necessariamente em volume. Crises ou momentos de expansão são igualmente oportunidades, por motivos diversos, de trocar de posição em relação aos ativos e, no caso do presente livro, da propriedade de empresas.

Já se comparou o movimento de capitais ao vento: ele só entra se existir uma saída. Para as empresas de capital aberto, as bolsas de valores têm como missão nobre obter recursos para novos empreendimentos ou para a ampliação das empresas existentes, o que gera benefícios para a economia, pela expansão da renda e do emprego.

No Brasil, registraram-se movimentos intensos de Initial Public Offers (IPOs — Ofertas Públicas Iniciais) de 2004 a 2008, com aumentos significativos nesse período (7 IPOs em 2004 e 64 em 2007, terceiro maior do mundo naquele ano), interrompidos com a crise financeira internacional. Essas captações em ambiente estável, entretanto, somente são viáveis com a existência de um forte mercado secundário — o que mais se discute e aparece na mídia — para oferecer liquidez às novas ações emitidas, num momento posterior, sem o que a operação se tornaria praticamente impossível.

O mesmo ocorre com outros ativos: para o adquirente de um imóvel, por exemplo, é indispensável ter a perspectiva de que um dia poderá revendê-lo, assim como o comprador de um carro ou de outro bem com vida mais longa. Se, com as ações cotadas em bolsa de valores é presumível obter essa liquidez, com as empresas de capital fechado o processo de transmissão da propriedade é complexo e menos explorado. Desenvolver esse "mercado secundário" para as empresas que não estão em bolsa é, assim, importante na medida em que novos empreendimentos são estimulados se houver mecanismos para assegurar sua liquidez no futuro.

A assessoria ou consultoria às fusões e aquisições, que começou de forma empírica, precisou, portanto, adotar técnicas e conhecimentos mais especializados, de forma a assegurar que as oportunidades pudessem ser adequadamente disseminadas e que as transações não só pudessem ser concretizadas, mas que estivessem baseadas em valores justos, com a segurança e a transparência indispensáveis aos compradores e vendedores.

Ao contrário do que frequentemente se lê na imprensa, os negócios de fusões e aquisições de empresas não se limitam aos notórios episódios que viram manchete de jornal: há um expressivo número de empresas, pequenas, médias e grandes, que tem a necessidade desses serviços de elevada qualidade que, no entanto, não tem suas transações divulgadas, dado o sigilo natural que grande parte dessas negociações exige, sobretudo do ponto de vista estratégico.

Esse processo de transmissão de participações societárias precisava, portanto, se realizar de forma profissional, à luz do que vinha acontecendo no mercado internacional, mas respeitando as características e peculiaridades do mercado brasileiro.

Assim, esta obra pretende apresentar uma abordagem inicial à discussão da questão e está, dessa forma, organizada em capítulos que refletem as diferentes etapas e os aspectos profissionais que envolvem a compra e a venda de uma empresa: Cap. 1 — Como comprar e vender uma empresa, Cap. 2 — Avaliação e negociação, Cap. 3 — *Due diligence* contábil, Cap. 4 — As exigências e os cuidados jurídicos, Cap. 5 — Governança Corporativa nas empresas negociadas e Anexo — Gerenciamento de riscos na Governança Corporativa.

Paulo Gurgel Valente
Organizador

Como comprar e vender uma empresa

José Carlos Pereira

1.1 O PERFIL E O PAPEL DO CONSULTOR

O processo de comprar ou vender uma empresa exige dedicação e especialização de um profissional para conduzir a intermediação do negócio, normalmente acompanhado por uma equipe qualificada em assessorar cada etapa da negociação.

Trata-se de um trabalho minucioso que requer muita sensibilidade, maturidade empresarial, especialização e, sobretudo, paciência. Em síntese, trata-se de facilitar uma transferência de negócio.

Neste capítulo, pretendemos dar ênfase ao mercado de micro, pequenas e médias empresas, conhecidas nos Estados Unidos como *street business* e *middle market*.

Um consultor qualificado poupará muito tempo e dinheiro do comprador e do vendedor durante a negociação, por minimizar erros, trabalhar com eficácia, expor o negócio adequadamente, contribuindo para obter sucesso sem colocar em risco as partes envolvidas.

Alguns aspectos relevantes expostos a seguir devem ser levados em consideração no desenvolvimento do processo de compra e venda de empresas:

a. Como alcançar compradores qualificados, incluindo alguns concorrentes, sem expor a intenção de venda de uma empresa?

b. Como avaliar o negócio tecnicamente, valorizando-o mais e evitando perdas durante as negociações?

c. Como preparar e fornecer informações confidenciais a um comprador potencial, mantendo-o interessado e atraído pelo negócio, em favor de outras opções?

d. Como alcançar o melhor preço e as melhores condições, incluindo os valores intangíveis do negócio?

e. Como aumentar a exposição da venda do negócio a potenciais compradores sem comprometer clientes, concorrentes, funcionários e fornecedores?

f. Como anunciar o negócio em vários segmentos, através de anúncios, mailing, network e outros meios de comunicação eficientes, de forma confidencial?

g. Como identificar compradores potenciais, qualificá-los, buscar referências e examinar sua situação financeira?

h. Como vender o negócio disponibilizando tempo, esforço e recursos para esse processo, sem perda da qualidade na administração do próprio negócio?

As perguntas anteriores nos fazem refletir sobre a necessidade de contar com um consultor experiente que possua conhecimentos técnicos, rede de contatos e equipe profissional para conduzir o processo de negociação de uma empresa.

Em suma, o objetivo do consultor é valorizar o patrimônio do empresário e obter o melhor negócio para ambas as partes: comprador e vendedor.

O consultor esforça-se para manter padrões e condutas éticas, comunicação efetiva e honesta em todos os níveis de relacionamento durante o processo de compra e venda de uma empresa.

Acreditamos que brevemente algumas universidades deverão lançar programas de consultoria nos MBA com especialização nessa área, e isso será um passo importante para a aceitação e conscientização dessa atividade no Brasil.

Quando da contratação de um consultor, é importante celebrar um Contrato de Consultoria ou um Mandato de Venda, estabelecendo-se todas as cláusulas pertinentes, incluindo taxa de honorários de êxito, condições e formas de pagamento, prazo do acordo, características do negócio e condições de negociação.

O mercado de compra e venda de empresas no Brasil se beneficiaria muito com a atividade do consultor, que, em princípio, contribui para incrementar o volume de negócios, traz liquidez para o mercado, fomenta o crédito e desenvolve a atividade de empreendedorismo no país.

1.1.1 Estruturação da venda do negócio

Antes de vender o negócio, é necessário determinar o que é mais importante para o vendedor.

Algumas considerações que abordaremos a seguir são importantes para entender o que denominamos estruturação do negócio.

Devem-se estudar os termos do negócio cuidadosamente para que se estabeleçam as regras estruturais, ou seja, aonde se pretende chegar para se sentir confortável quando iniciar uma negociação, enfim, uma definição de conceitos.

Os termos do negócio também devem levar em consideração as necessidades futuras. Por exemplo, o empresário pode permanecer no negócio como um sócio ou até mesmo prestar consultoria, por um período transitório, para o novo proprietário.

Além das várias opções e formatações que podem ser discutidas entre os envolvidos e o consultor, costuma-se incluir fatores importantes tais como: estrutura jurídica do negócio; ativos imobilizados; recursos humanos; estoque; situação tributária; situação econômico-financeira da empresa; financiamento próprio ou através de terceiros; venda de parte do negócio; venda de patentes ou pagamento de *royalties*;

análise da outra parte; táticas de negociação e até mesmo projeto e filosofia de vida.

Raramente vende-se um negócio em conformidade com a estruturação prevista. Entretanto, um negócio bem-estruturado facilita muito o ambiente de negociação, consequentemente alcançando êxito por atingir os objetivos de ambas as partes.

1.1.2 Buscar e identificar oportunidades

Cabe ao consultor procurar oportunidades de negócios tanto para o comprador como para o vendedor. Ele age como um identificador de oportunidades.

Essa é uma tarefa que depende basicamente de uma rede de contatos adequada. O consultor deve se manter atualizado e em comunicação constante com seus companheiros de trabalho, investidores, empresários, empreendedores e empresas que atuam no segmento de Fusões e Aquisições.

Também é importante que esse profissional esteja sempre anunciando novas oportunidades em jornais, revistas e websites. Enfim, o consultor precisa estar em evidência fazendo seu próprio marketing de forma sucinta e atuando com discrição. Para obter sucesso, deve ter conhecimento técnico, responsabilidade e compromisso ético com os *players* do mercado.

Existem outros meios interessantes de buscar uma rede de contatos e oportunidades. Com certeza, um deles consiste em apresentar seminários técnicos envolvendo o tema Compra e Venda de Empresas. Nesse caso, a qualidade do conteúdo do seminário irá determinar o tipo de oportunidade e o nível de executivos e empresários com os quais se pretende estabelecer contatos.

1.2 CONHECER O VALOR DO NEGÓCIO

De modo geral, o valor do negócio é o assunto preferido dos negociadores:

a. Quanto vale a empresa?

b. Por que está sendo avaliada a esse preço?

c. Existe algum laudo elaborado por técnicos competentes?

d. Qual é a taxa interna de retorno utilizada para se chegar a esse preço?

e. O retorno do investimento se dará em quanto tempo?

f. Em que cenário esse preço está sendo considerado?

g. Qual é o ponto de equilíbrio do fluxo de caixa?

h. Qual é a lucratividade da empresa?

i. Qual é a margem de contribuição?

É impossível conceber um consultor de negócios que não possa discorrer, com conhecimento de causa, sobre o tema Avaliação de Empresas. Vários métodos, critérios e premissas são adotados, e o domínio dessa metodologia e as ponderações colocadas pelo profissional enriquecem a negociação e facilitam o fechamento do negócio.

Os argumentos defendidos e fundamentados com base em conhecimento técnico asseguram o sucesso do fechamento do negócio.

1.3 PRESERVAR O SIGILO

Nesse tipo de negócio, o sigilo faz parte da vida do consultor. O trinômio Confidencialidade, Transparência e Neutralidade não é inerente ao fechamento do negócio. Entretanto, deixa o consultor sempre muito confortável em qualquer situação em que as partes interessadas se encontram.

Cabe ao profissional conduzir a apresentação do negócio de forma coerente e não tendenciosa, ou seja, sensatez e bom senso têm que prevalecer.

O Acordo de Confidencialidade deve ser sempre celebrado entre as partes envolvidas numa negociação e apresentado como um instrumento natural, constante e obrigatório na vida dos empreendedores.

1.4 OS RISCOS DE NEGOCIAR POR CONTA PRÓPRIA

O empresário pode vender sua empresa sem a participação de um consultor. É a conhecida frase, "dispenso intermediários". Entretanto, alguns pontos devem ser levados em consideração:

a. Exposição da imagem do empresário;

b. Desgaste do empresário junto a curiosos;

c. Perda da oportunidade de refletir;

d. Conflitos de interesse entre os próprios sócios;

e. Incapacidade de administrar o negócio e a venda, ao mesmo tempo;

f. Intolerância causada pela ansiedade natural;

g. Receio de não obter sucesso nessa nova tarefa;

h. Desigualdade na posição de vendedor junto a um comprador;

i. Ser submetido a questionamentos iniciais desnecessários;

j. Exposição da própria empresa.

Diante de tantas possibilidades relacionadas com o enfraquecimento do empresário que assume a venda de seu próprio negócio, a figura do consultor deve ser exaltada e considerada natural para desempenhar essa função.

Nos países mais desenvolvidos, o consultor é enquadrado como um profissional imprescindível para desempenhar esse papel, sempre que um empresário deseja vender o seu negócio.

O mesmo acontece com o comprador. Este sempre deverá contar com a experiência de um consultor ao seu lado para se fazer representar em momentos estratégicos durante o processo de negociação.

1.5 OS DIVERSOS TIPOS DE COMPRADORES

Existem vários tipos de compradores com objetivos e experiências diferentes. Conhecer essas diferenças pode ajudar muito durante a negociação.

As discussões sobre o negócio podem variar bastante, dependendo dos objetivos de cada comprador.

De modo geral, podemos classificar os compradores em três categorias:

1. Companhias concorrentes

2. Grupos de investimentos

3. Investidores individuais

Cada tipo de comprador apresenta uma forma original de vantagens e desvantagens que podem ter forte impacto no resultado final da venda. Compreender essas diferenças pode ajudar a encontrar o melhor comprador para o negócio e para os objetivos pessoais.

As aquisições estratégicas das empresas concorrentes têm como objetivo a busca de sinergia para ganhar mercado e ampliar suas atividades. Por exemplo, a empresa fabrica um produto ou presta um serviço que o comprador gostaria de possuir e que é altamente complementar ao seu negócio, ou seja, compõe o *core business* da empresa. Ou, ainda, a empresa concorrente busca uma presença consolidada em determinado território geográfico no qual ela teve dificuldade em se estabelecer.

Esse enfoque pode permitir que o comprador pague um preço maior pelo negócio, desde que as eficiências operacionais resultem em lucratividade mais imediata e em um retorno mais rápido sobre o investimento. Nesse sentido, os potenciais compradores concorrentes diferem de outros compradores.

Nesse caso, após a venda, a estrutura da empresa pode ser bastante modificada e diferir do modelo operacional dos outros compradores. Um concorrente estará enxugando a estrutura da empresa, certamente aproveitando alguns executivos e eliminando outros tantos.

Uma consideração adicional para compradores concorrentes é a propensão para admitir algumas contingências, que, no caso de outros compradores, se tornariam mais difíceis.

1.6 NEGOCIANDO COM CONCORRENTES

As vantagens de tratar com um comprador concorrente incluem:

a. A expertise no setor excede a dos outros compradores e facilita a negociação.

b. Frequentemente tem uma escala mais ampla de opções na estrutura e no interesse.

c. Normalmente tem já alocados naquele setor recursos que suportariam com mais facilidade a expansão e o crescimento da companhia.

As desvantagens possíveis incluem:

a. A absorção das operações do vendedor sofreria uma reestruturação e sacrificaria alguns funcionários.

b. Os pagamentos de contingências futuras dependem do desempenho financeiro inicial, e costumam penalizar os credores por não levarem em consideração o relacionamento anterior.

c. Frequentemente, há mudança na cultura incorporada.

d. Há certa temeridade em fornecer informações confidenciais ao concorrente.

1.7 NEGOCIANDO COM GRUPOS DE INVESTIMENTOS

Os grupos de investimentos que se dedicam a negociar empresas de maior porte atuam no mercado de Merger & Acquisiton (M&A — Fusão e Aquisição) e são classificados como:

- Empresas de Participações

- *Angels*

- *Private Equity*

- *Venture Capital*

- Grupos de Investidores

- Bancos de Investimentos

A estratégia e o foco desses grupos são muito variados. Alguns grupos direcionam seus interesses para determinado segmento da indústria ou do comércio, enquanto outros têm como alvo a posição geográfica.

Determinados grupos podem considerar seu *core business* uma bandeira para constituir seu conglomerado de empresas dentro de um segmento. Em quase todos os casos, o foco preliminar de um grupo de investimento é o retorno financeiro mais elevado possível para investidores e acionistas.

Dentro desses seletos grupos, a preferência é permanecer com a equipe existente, de gerência, após a aquisição, deixando apenas um ou dois executivos de sua confiança na gestão financeira.

Além disso, esses grupos geralmente têm uma estratégia de planejamento de saída, e esperam manter o negócio em seus portfólios por um período de tempo predeterminado, que normalmente se situa entre cinco e sete anos.

As vantagens de trabalhar com um grupo de investimentos incluem:

a. Por serem compradores profissionais, o fechamento do negócio é relativamente rápido.

b. A liberação dos recursos encontra menos resistência.

c. A companhia adquirida geralmente passa por pouca mudança de cultura.

As desvantagens possíveis abrangem:

a. A exigência de permanecer com a mesma gerência poderá ter a oposição dos acionistas.

b. A aquisição pode não oferecer tantas sinergias com outros negócios do portfólio.

   c. A empresa poderá ser vendida novamente em cinco a sete anos.

   d. Os compradores esperam estar integralmente envolvidos na liderança e na gerência da empresa após sua compra, mesmo sem experiência no segmento.

1.8 COMO NEGOCIAR COM COMPRADORES INDIVIDUAIS

Os compradores individuais são em sua maioria empresários com experiência profissional em seus próprios negócios e que querem expandir suas atividades com aquisições de empresas que os complementem. Os compradores individuais geralmente adquirem negócios de micro e pequeno portes.

As vantagens de trabalhar com um comprador individual incluem:

a. Ter a participação direta na negociação.

b. Serem rápidos para decidir.

c. Aceitam com mais facilidade as orientações de um consultor.

d. Em geral pagam à vista.

e. A negociação é simples porque a estrutura do negócio é pequena.

f. A experiência do comprador no segmento da empresa é benéfica para ambas as partes e facilita a negociação.

Normalmente, um empresário que precisa se desfazer de sua empresa inicialmente lembra-se de oferecer seu negócio ao concorrente porque ele é um comprador natural e fácil de ser identificado.

Entretanto, é importante refletir sobre os seguintes aspectos:

a. Como entrar em contato com ele?

b. Como preservar e valorizar a empresa ofertada?

c. Como abrir as informações?

d. Como criar um ambiente favorável para conduzir a negociação sem constrangimentos para as partes?

Nesse sentido, cabe ao consultor iniciar os primeiros contatos, visando definir os conceitos do negócio, o que pode ser entendido como se fosse a fixação da base de uma escada rumo à escalada dos trâmites referentes ao processo de aquisição de uma empresa.

1.9 APRESENTAR INFORMAÇÕES NO TEMPO CERTO

As informações que devem ser transmitidas ao interessado seguem um roteiro de apresentações que obedecem algumas normas utilizadas pelo mercado.

Antes mesmo de passar algumas informações ao potencial comprador, o vendedor assina com o consultor um Contrato de Consultoria, para que ele tenha legitimidade para intermediar o negócio.

De posse desse Contrato, o consultor encaminha ao comprador um Acordo de Confidencialidade e, em seguida, lhe apresenta um Memorando de Informação sobre o negócio em questão.

Nesse documento inicial, podem ser apresentados alguns dados básicos confidenciais que permitem ao comprador decidir se continua ou não a analisar o negócio.

Caso o comprador mantenha o interesse e queira investigar mais a empresa, é chegado o momento de se redigir outro documento intitulado Memorando de Entendimentos.

Após o Memorando ser assinado entre as partes interessadas, o comprador poderá solicitar o Plano de Negócios detalhado, cujo conteúdo permitirá que se decida pela necessidade ou não de proceder a uma *due diligence* ou uma auditoria cujo objetivo é confirmar a veracidade dos dados informados pelo vendedor.

Se o comprador decidir pela contratação de uma *due diligence*, caberá ao próprio assumir os custos desse serviço que será executado por um auditor de sua confiança. Cabe a este apresentar um relatório detalhado da situação da empresa negociada.

Após a apresentação desse relatório, e continuando o interesse entre as partes, caberá ao consultor a tarefa de agendar uma reunião para a negociação final.

1.10 DOCUMENTAÇÃO

Quando se trata de documentação, é importante que o consultor tenha acesso e acompanhe de perto todos os acordos celebrados, laudos e demais documentos apresentados, para que ele possa coordenar com habilidade o andamento do processo de aquisição e concluir, com sucesso, o fechamento do negócio.

A documentação mencionada anteriormente está detalhada a seguir.

Laudo de avaliação. Há vários critérios e métodos utilizados por economistas e contadores que permeiam os laudos de avaliação de empresas.

Neste livro, teremos oportunidade de conhecer um dos métodos de avaliação, conhecido como "Múltiplos de Faturamento", comparativamente ao sistema de fluxo de caixa futuro descontado.

Em geral, os laudos determinam o valor da empresa e posicionam o empresário em relação ao seu patrimônio. Entretanto, na maioria das vezes o fechamento do negócio se dá por um preço de venda diferente do valor determinado pelo laudo, por justas razões.

Pode acontecer de o preço acima do valor determinado pelo laudo ser considerado um prêmio pelas condições do negócio e interessante para o comprador. Por outro lado, pode ser um valor abaixo, considerado um desconto.

O importante é que o vendedor possa defender o valor da empresa com base em fundamentos técnicos de avaliação. Em função desse entendimento, o laudo de avaliação é uma peça imprescindível nesse processo, para ambas as partes envolvidas no negócio.

Plano de negócios. A elaboração de um plano de negócios é o caminho mais curto entre identificar um comprador e fechar o negócio.

Pode-se elaborar um sumário executivo para, num primeiro momento, apresentar as informações preliminares sobre o negócio buscando atrair interessados. Entretanto, indiscutivelmente, o plano de negócios é o estudo mais adequado para detalhar e analisar a oportunidade. Tal plano deve ser pautado em pesquisas de fontes fidedignas para que a sua credibilidade seja sustentada durante a análise decisória.

Memorando de entendimento. É peça fundamental para desmembrar e definir as diversas vertentes que possam emergir dos interesses das partes, visando orientar os procedimentos e as condições acertadas para o avanço das negociações.

Relatório da *due diligence*. Trata-se de um trabalho normalmente creditado a um auditor credenciado e que seja da confiança do comprador. Cabe a ele examinar a empresa em todos os seus detalhes e emitir um relatório que retrate a realidade atual, sem projeções e especulações futuras, além de tentar desvendar os mistérios passados (passivos escondidos).

Acordos e contratos. O advogado é o profissional que deve ser contratado para realizar essa tarefa, redigindo todos os documentos referentes ao processo de compra e venda e, também, os instrumentos particulares que servirão para definir as cláusulas e condições estabelecidas pelas partes envolvidas.

1.11 DEZ ERROS MAIS FREQUENTES NA VENDA DE UM NEGÓCIO

Erro 1: Não preparar a empresa para ser vendida e ao mesmo tempo enfrentar o mercado de compra e venda de empresas. É importante considerar o seu próprio negócio como um alvo de aquisição e ter consciência de que existem outras boas empresas à venda.

Erro 2: Mesmo havendo um interessado em seu negócio, é preciso entender que ainda assim existem incertezas pela frente, e que nada está decidido até que o negócio esteja fechado por escrito.

Erro 3: Deixar-se envolver emocionalmente por uma boa proposta e envolver clientes e funcionários numa negociação.

Erro 4: Fazer promessas durante a negociação que não poderão ser cumpridas no sentido de achar que isso reforçará o interesse do comprador. Toda promessa deverá ser incluída como uma cláusula no memorando de entendimentos.

Erro 5: Não ser reservado. Não se deve comentar com ninguém sobre a venda do negócio. Esse é um assunto que tem de permanecer sempre confidencial. As discussões e negociações não devem ocorrer no escritório da empresa. Os funcionários não devem saber e nem desconfiar de uma suposta venda da empresa.

Mesmo quando o potencial comprador assinar o Acordo de Confidencialidade, sempre existe a possibilidade de vazarem informações em conversas informais, e os resultados podem ser prejudiciais.

Os funcionários mais leais à empresa podem se sentir inseguros quanto ao seu futuro e buscar outras oportunidades.

Os concorrentes também poderão aproveitar-se e informar aos clientes da empresa em questão que o negócio está sendo vendido, esperando assim ganhar uma fatia do mercado. Qualquer dessas situações reduzirá o valor do negócio e dificultará a habilidade de continuar executando o processo de venda, além de ser prejudicial caso a venda não se concretize como o esperado.

Erro 6: Não analisar a capacidade financeira do comprador. Verificar esse componente e solicitar referências é fundamental para levar a negociação adiante, sem perda de tempo e sem abrir informações confidenciais para curiosos.

Erro 7: Tratar diretamente com o comprador. A negociação deverá ser conduzida com a assessoria do consultor, cuja participação será importante como moderador junto ao comprador.

Erro 8: Não determinar o preço do negócio. Não se deve deixar margem para oscilações que possam prejudicar o valor da empresa. Uma vez definido o preço final, esse valor deverá constar do compromisso firmado entre as partes, para que o comprador não se sinta disposto a voltar a essa discussão.

Erro 9: Esconder qualquer informação durante o processo de *due diligence* pode enfraquecer as negociações e colocar em risco a operação.

Deve-se encarar essa missão com transparência, sem subestimar nenhum dos levantamentos realizados pelo auditor.

Erro 10: Negociar apenas com um comprador. Isso limita a elevação do preço do negócio. É bom lembrar: "Quem tem um comprador não tem nenhum."

Para se obter o melhor preço, é necessário negociar com mais de um interessado.

O papel de um negociador hábil é negociar com vários compradores e manter o processo em andamento.

1.12 EVITAR PRECIPITAÇÃO NA CONCLUSÃO DO NEGÓCIO

Ansiedade e entusiasmo são palavras que não devem constar do vocabulário dos bons negociadores.

Ao longo do processo de fusão e aquisição, o planejamento evita a precipitação na conclusão do negócio e, consequentemente, o desgaste causado pelo percurso necessário para que todos os itens sejam devidamente checados e analisados.

O trabalho deve ser consciente e, sobretudo, arquitetado de modo a minimizar o risco de se perder dinheiro na negociação. Técnicas de negociação são exercitadas durante as reuniões de negócios, entre as partes, durante as quais os comportamentos decidem a favor ou contra seus interesses. Portanto, mantenha-se atento e confiante em seu argumento.

1.13 O MARKETING DO CONSULTOR PARA VENDER UMA EMPRESA

Quando um empresário contrata um consultor para coordenar a venda de sua empresa, ele busca um profissional que tenha expertise em identificar um comprador para o seu negócio.

Em contrapartida, ele cobra um resultado rápido, ou seja, ele quer vender seu negócio o mais rápido possível.

Entretanto, se o empresário não investir em alguns dos mais importantes estudos, tais como laudo de avaliação e plano de negócios, para facilitar e viabilizar a venda, certamente o consultor terá muita dificuldade em obter sucesso no fechamento do negócio.

Se a empresa estiver com o valor de venda defasado e acima do preço de mercado, o consultor nunca conseguirá vendê-la, e todo o esforço será em vão.

Muitos empresários superestimam o valor de sua empresa e criam uma barreira inicial intransponível para viabilizar sua venda.

O estudo de viabilidade econômica também é recomendado para sustentar a negociação e o argumento de que se trata de um bom negócio.

É muito positivo que a empresa seja viável economicamente para que o interesse do comprador nunca seja questionado e ele se sinta confortável em se manter interessado na aquisição.

Quando o empresário estiver consciente da importância desses estudos e concordar em realizá-los, cabe ao consultor planejar o marketing que ele utilizará para vender a empresa.

Assim como qualquer produto a ser lançado no mercado, uma empresa também deve ser analisada e, consequentemente, receberá um tratamento diferenciado.

Portanto, deverá haver um planejamento de marketing adequado a cada uma delas, ou seja, cada empresa é um caso.

A primeira fonte que o consultor irá buscar é sua própria rede de relacionamentos. Deve-se traçar um mapa de interesses identificando o perfil de cada comprador para verificar se existem alguns de seus contatos que possam vir a se interessar por sua oportunidade de negócio.

Caso isso se confirme, caberá ao consultor encaminhar a sua proposta inicial ao potencial interessado.

Nesse caso, sugere-se um contato pessoal para uma abordagem objetiva e um posterior encaminhamento do Memorando de Informações, ainda de forma confidencial, visando atrair o comprador para a oportunidade.

Feito o primeiro contato, com sucesso, pode-se providenciar o Acordo de Confidencialidade para que o potencial comprador receba o plano de negócios, analise cuidadosamente e questione os pontos que mais lhe convêm.

Dependendo do porte da empresa e do segmento de atuação, a segunda melhor opção é fazer contato com os *players* do mercado de M&A, representados por: empresas de participações; grupos de *angels*; empresas de *private equity*; empresas de *venture capital* e bancos de investimentos.

Trata-se de um grupo seleto de empresas em que o consultor encontra um campo muito fértil de compradores profissionais. Nesse círculo, o consultor precisa de muita habilidade, objetividade e qualificação para que possa desenvolver contatos junto aos executivos dessas empresas.

Para as micro e pequenas empresas, cujo mercado é considerado *middle market* ou *street business*, o consultor pode também optar por colocar anúncios em jornais e revistas de grande circulação no campo econômico, tentando atrair a atenção de investidores.

Como a toda ação corresponde uma reação, o tipo de anúncio determina o tipo de comprador que se pretende identificar.

Esse anúncio deve ser redigido obedecendo a técnicas apropriadas e ser cercado de cuidados para exaltar os temas mais interessantes aos compradores de empresas.

Há alguns anos a Internet tem se destacado no segmento da mídia, contando com alguns websites que disponibilizam empresas à venda.

A grande vantagem é o alcance da Internet e a facilidade de divulgação para muitos contatos.

Entretanto, os contatos voluntariamente recebidos, sem referências, devem ser cautelosamente analisados para não se perder tempo nem correr o risco de tratar com pessoas de idoneidade duvidosa.

1.14 O MERCADO NO BRASIL E NO EXTERIOR

O que mais entusiasma um consultor em seu trabalho é ser reconhecido e alcançar seu objetivo. Os Estados Unidos possuem grande número de *business brokers* credenciados e graduados e uma legislação estritamente voltada para essa atividade.

O Código de Ética desse profissional aplicado nos Estados Unidos poderá servir de exemplo para o profissional no Brasil.

Conteúdos dos cursos de Administração, Direito, Economia, Contabilidade e Psicologia devem fazer parte do currículo de um consultor.

A globalização e o interesse de investidores estrangeiros pelo Brasil estão requerendo a formação imediata desse profissional, a fim de avançarmos nesse contexto no mercado internacional.

É premente a necessidade de bons executivos, para que o mercado de Fusões e Aquisições se desenvolva no Brasil.

Segundo dados estatísticos desse mercado nos Estados Unidos, em torno de 8% das empresas constituídas estão declaradamente à venda, ou seja, hoje naquele país existem mais de dois milhões de empresas à venda.

Grande número de *business brokers*, nos Estados Unidos, alavanca esse mercado. A facilidade de crédito que os bancos americanos oferecem para operações de aquisição de empresas é um instrumento determinante para o fomento desse negócio, em grande escala. Para se ter uma ideia, 80% dos negócios realizados são financiados pelo sistema financeiro americano.

O Brasil está caminhando para um novo cenário de um ambiente favorável ao empreendedorismo. Os investidores estrangeiros estão acompanhando de perto a evolução da economia brasileira e ávidos por boas oportunidades de negócios. Precisamos fazer o nosso dever de casa e lutar por um ambiente menos hostil aos que querem investir em empresas no Brasil.

1.15 OS NEGÓCIOS POR TRÁS DAS GRANDES FUSÕES E AQUISIÇÕES

As fusões e aquisições, reestruturações, sucessões e incorporações fazem parte do mundo corporativo. Todos os dias, banqueiros, empresários, investidores e agentes estudam possibilidades de realizar negócios para continuarem como grandes *players* no mercado.

A ideia básica é crescer, agregar valor e expandir seus negócios!

Não obstante, essas ações dos empresários frequentemente fazem as notícias nos grandes jornais do país e do mundo. Então há vários tipos de negócios, projetos e aquisições que acontecem todos os dias, alguns de porte grande e outros de porte médio.

Esses negócios podem valer centenas de milhões de reais ou mesmo alguns bilhões de dólares. Podem decidir o futuro das companhias envolvidas no negócio durante os anos seguintes. Para um diretor-geral que coordena um trabalho de aquisição, isso pode representar uma grande marca em sua carreira. Por outro lado, o envolvimento de um consultor num negócio desse porte também pode ser muito lucrativo.

Entretanto, para atingir um grau de consultor de Fusões e Aquisições, o profissional tem que se dedicar anos a esse trabalho e estar constantemente em busca de conhecimento. Além disso, ele precisa ter uma boa rede de contatos junto às grandes empresas que buscam diversificar suas atividades.

Portanto, o consultor que atua no mercado de compra e venda de pequenas e médias empresas deve ter sempre em mente que o caminho natural para alcançar o sucesso é galgar um posto de destaque para atuar no mundo dos negócios de maior porte.

2

Avaliação e negociação

Paulo Gurgel Valente

2.1 POR QUE COMPRAR OU VENDER UMA EMPRESA?

Existem diversas motivações para que se pense em comprar ou vender uma empresa, muitas até opostas. Em geral, pode-se definir um mercado como o lugar onde as pessoas efetuam trocas, quer por terem visões diferentes sobre um mesmo ativo, quer por questões objetivas ou subjetivas. É o caso das bolsas de valores: as transações ocorrem entre aqueles que acreditam que vale a pena adquirir uma ação e os que, ao contrário, têm convicção de que chegou o momento de vender.

Quando se trata de comprar e vender empresas, ocasião em que compradores e vendedores terão ou deixarão de ter envolvimento direto na Governança Corporativa e em seus resultados, de forma diferente da distância que a bolsa de valores impõe, podemos destacar as principais motivações a seguir.

2.1.1 Razões para comprar uma empresa

- **Economia de tempo.** Licenças federais, estaduais, municipais sejam de instalação, ambientais, tributárias, trabalhistas e outras; contratação e treinamento de funcionários; procura de instalações físicas, de máquinas e equipamentos. Adquirir uma empresa em funcionamento dispensa grande parte das tarefas, muitas vezes longas e de sucesso incerto, que consistem em colocar o empreendimento em marcha, nos itens mencionados.

- **Ganho na formação da marca.** A formação de uma marca poderá tomar tempo e recursos, e seu retorno pode não ser o que previmos.

- **Ganho de mercado.** Uma empresa em funcionamento já traz clientes e vendas. Ao contrário, uma nova empresa terá de se posicionar para entrar em concorrência com as existentes, caso já estejam bem instaladas.

- **Ganho de visibilidade.** Consiste no alcance de novos mercados, novos canais de venda e de direitos de distribuição. Muitos mercados já estão fechados à entrada, por barreiras de difícil superação, seja pelos mecanismos de marketing, seja por licenças especiais.

- **Aproveitamento do know-how já existente.** A compra de uma empresa pode considerar, em alguns casos, que um dos principais ativos a ser transferido é a tecnologia desenvolvida, conquistando-se patentes ou processos industriais.

- **Possibilidade de aprender com os erros dos proprietários anteriores.** Frequentemente, a motivação para adquirir uma empresa consiste em perceber que há como imprimir nova direção aos negócios e superar os erros iniciais, em muitos casos a deficiência de capitalização pode ser solucionada com aportes dos novos sócios.

- **Possibilidade de otimização do quadro de funcionários.** Em caso de aquisição de concorrentes, é possível administrar um período de transição em que funções idênticas podem ser desenvolvidas por um mesmo quadro de funcionários, resultando em mais eficiência com a soma das vendas das duas empresas anteriormente existentes.

- **Economias de escala.** Como foi visto no item anterior, podem se obter economias ao se passar para escalas superiores de produção, desde as compras, o processo produtivo propriamente dito, até os canais de distribuição.

2.1.2 Razões para vender uma empresa

Quando o objetivo é desfazer-se do negócio, as principais razões são:

- **Oportunidade de outro negócio ou diversificação de investimentos.** Sair de um mercado saturado em busca de outro mais rentável é um dos motivos mais frequentes para se desfazer da propriedade de uma empresa.

- **Aposentadoria dos sócios ou falta de sucessores.** Os sócios da empresa podem precisar ou querer se aposentar, e, não havendo sucessores interessados no negócio, procuram liberar-se da administração e trocar seus ativos.

- **Falta de experiência gerencial.** Um negócio pode não dar certo por falta de experiência ou habilidades gerenciais: muitas vezes uma boa ideia não consegue ser levada adiante porque requer habilidade no gerenciamento.

- **Problemas societários.** As empresas são administradas e controladas por pessoas que podem mudar seus objetivos e maneira de pensar ao longo de sua vida e do desenvolvimento da empresa.

2.2 QUANTO VALE A EMPRESA?

Esta é uma pergunta que se pode fazer em diversos momentos da vida de uma empresa: quando ela ainda está para surgir sendo apenas uma ideia inicial, ao longo do seu desenvolvimento ou quando, por algum motivo, seus proprietários começam a achar que vendê-la atende mais aos seus interesses do momento, ou do futuro imediato, do que continuar mantendo e administrando o empreendimento. É, também, a pergunta que um comprador em potencial se faz ao planejar entrar num novo negócio.

Há diversas formas de responder a essa pergunta, nenhuma de fato conclusiva, pois a maioria dos critérios associa a estimativa do valor da empresa ao preço que se pode obter ao colocá-la à venda; essa ação pode ter vários resultados, em função de fatores que fogem ao controle do vendedor ou do adquirente.

Esses critérios, no entanto, procuram uma estimativa que faça sentido do ponto de vista da análise de investimentos, ramo mais sofisticado e avançado da matemática financeira.

Toda a questão vai partir do conceito inicial da matemática financeira: quanto deverei receber, no futuro, pelo capital que eu empregar hoje? Vale a pena investir essa quantia na expectativa de um ganho futuro? Podemos reduzir a questão inicial ao seguinte exemplo: é vantajoso investir hoje R$1.000 para ganhar R$1.100, ou 10%, no final de um ano? Ficarei mais rico ao final de um ano, isto é, meu patrimônio aumentará se eu tomar essa decisão agora? Poderei adquirir mais bens, mercadorias e serviços ao final desse período?

Indiretamente, estamos incluindo em nosso raciocínio o conceito de tempo, isto é, o período em que os diversos fatores de produção começam a interagir, ao se iniciar o ciclo de investimento em máquinas, instalações, estoques e recursos humanos. Esse ciclo vai se completar com a venda do que for produzido ou dos serviços entregues e seu efetivo pagamento.

Parece, entretanto, que já nos adiantamos um pouco, ao sair do exemplo de um rendimento fixo, em que esperamos que alguém nos remunere (os 10% de rendimento) se emprestarmos nosso capital de R$1.000 por um período fixo de tempo. Quando se pensa em avaliação de empresas, o raciocínio é o mesmo. O que se procura estimar é quanto vai "sobrar" e quando, se tomarmos a decisão de iniciar um projeto ou adquirir uma empresa, e se isso vale a pena em comparação com as alternativas que temos no momento.

Assim, o *quanto* e o *quando* são as perguntas fundamentais da avaliação do projeto, seja ele novo ou já em andamento, quando já se configurou uma "empresa", ou seja, esse conjunto de fatores — capital, recursos humanos, tecnologia, matérias-primas — que tem por objetivo gerar um resultado no futuro.

A forma de avaliar as empresas consiste, portanto, em estimar o rendimento futuro que esses fatores podem gerar, e quantificar quanto nos dispomos a desembolsar para obter tais rendimentos. Assim, o responsável pela avaliação de empresas faz a conta, ao contrário, de nosso exemplo de rendimento fixo: estimamos quanto vamos receber no futuro para chegarmos ao valor razoável no presente dessa série de rendimentos, ou seja, seu preço, o valor pelo qual transacionamos o que temos ou o que pretendemos adquirir.

Vamos apresentar um exemplo prático: digamos que você tenha uma tia que seja proprietária de um apartamento que está alugado por R$1.000 por mês; sua tia vem a falecer e, ao se abrir o testamento, verifica-se que você herdou o apartamento, que, no entanto, permanece alugado pelo mesmo valor. Dessa forma, você se tornou proprietário de uma série futura de rendimentos, digamos infinita, de R$1.000 por mês. Tudo considerado, você pensa melhor e vê que tem outros projetos diferentes do que permanecer recebendo esse aluguel, e deseja vender o imóvel. Quanto ele vale? É claro que um imóvel tem um valor de mercado em função do custo do terreno, do custo de construção, da disponibilidade de outros imóveis na região, enfim, de diversos fatores. Para simplificar, vamos recorrer à matemática financeira: o valor desse imóvel é o valor atual de todos os rendimentos que você vai obter dele no futuro. Digamos que a taxa de juros que você poderá obter no mercado financeiro, aplicando seu capital, seja de 1% ao mês; nessa conta, por comparação, o rendimento permanente do aluguel de R$1.000 equivale a receber, no momento atual, hoje, a quantia de R$100 mil, que seria o preço justo do apartamento alugado.

Com a avaliação de empresas se dá o mesmo: temos de fazer estimativas dos rendimentos futuros, para saber, com determinada taxa de juros (ou de desconto), quanto estamos dispostos a pagar por essa empresa. Sobre essa taxa, vamos discorrer um pouco mais adiante.

Assim, a forma mais aceita de avaliação de empresas é a estimativa do valor presente líquido (VPL) dos resultados futuros do projeto, o que engloba todos os fatores que podem levar a esses resultados.

A Figura 2.1 dá uma visão dinâmica dos fatores que influenciam a estimativa do valor de uma empresa.

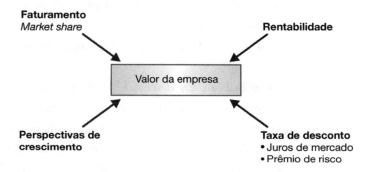

Figura 2.1 Composição do valor da empresa.

Há outros critérios menos utilizados, que, no entanto, guardam alguma semelhança com os princípios da estimativa do VPL. Temos, por exemplo:

Cálculo do valor dos bens da empresa, pelo preço de mercado, descontando os passivos. Esse critério, no entanto, é estático, ao pressupor que vamos comprar uma empresa não para fazê-la produzir continuamente, e sim para transferir a terceiros seus bens e liquidar seus compromissos financeiros a fim de ficarmos com o resultado dessa liquidação. É o chamado *stripping*, que geralmente ocorre quando uma empresa tem suas ações adquiridas em bolsa, ou, de outra forma, por valor inferior ao conjunto de seus bens, deduzido seu endividamento. Esse processo pode ocorrer em outros contextos, fora de uma negociação em bolsa de valores. Digamos que uma fábrica de cerveja tenha bom mercado e lucratividade que permitam estimar um rendimento constante ao longo de vários anos. Se for descoberta uma jazida de minérios valiosa no terreno dessa cervejaria, é provável que desmontar a fábrica para explorar a jazida seja mais rentável do que produzir e vender a bebida.

O valor contábil do patrimônio. Trata-se de um conceito estático semelhante ao anterior, com a diferença de que se apuram os valores históricos, ou de custo, dos bens da empresa, descontando-se seu endividamento. É como se fosse uma fotografia em determinado momento, quando então se apura quanto custaram os ativos da empresa e quanto a empresa deve. Esse conceito guarda relação com o valor da empresa, tal como estamos estimando, mas não considera o rendimento futuro que esses bens, agrupados num empreendimento, podem gerar.

Valor em bolsa de valores. Um critério que se pode utilizar, caso a empresa seja habitualmente negociada em bolsa de valores, é obter o valor através do preço de venda de cada ação, multiplicado pelo número de ações em que se divide o capital da empresa. Indiretamente, os investidores já vêm quantificando o rendimento esperado de suas ações cujo preço reflete essa percepção; assim, se retornará ao conceito do VPL já mencionado.

A Lei das Sociedades Anônimas (Lei nº 6.404/76) estabeleceu, em sua edição original, que "o valor da ação de uma empresa, para uma nova emissão, se calculará tendo em vista a cotação das ações no mercado, o valor do patrimônio líquido e as perspectivas de rentabilidade da companhia". Com a nova redação dada pela Lei nº 9.457, de 1997, o artigo 170 passou a estabelecer diferente ordem de prioridades, prevendo que "o preço de emissão deverá ser fixado tendo em vista, alternativa ou conjuntamente:

I – a perspectiva de rentabilidade da companhia;

II – o valor do patrimônio líquido da ação;

III – a cotação de suas ações em bolsa de valores ou no mercado de balcão organizado, admitido ágio ou deságio em função das condições do mercado".

Antes de entrarmos na discussão mais complexa da estimativa de resultados futuros da empresa, vamos raciocinar inicialmente de forma mais simples, imaginando a empresa apenas como uma unidade de produção que gera resultados no futuro, em comparação com uma máquina.

Digamos que vamos adquirir uma máquina por R$1 milhão, cuja produção de bens é estimada em R$600 mil por ano, sendo toda a produção vendida, e a vida útil dessa máquina seja de 9 anos. Essa máquina é capaz de gerar um lucro líquido de R$220 mil, descontando todas as despesas com pessoal, matéria-prima, aluguel, instalações, impostos etc. Nesse caso teríamos uma forma de estimar o valor da empresa: trata-se de um fluxo de caixa, onde se investe R$1 milhão e se espera o retorno de R$220 mil por ano, por 9 anos. Assumindo uma taxa de juros ou de desconto de 12%, estima-se que o valor presente desse empreendimento seja de R$154 mil. Nosso exemplo é, portanto, uma opção vantajosa se a taxa de juros do mercado for inferior a 12% ao ano. Se formos calcular a taxa interna de retorno do projeto, chegamos a 16,4% ao ano.

					R$ mil
Ano 0	Ano 1	Ano 2	Ano 3	....	Ano 9
(1000)	220	220	220		220

Valor presente do fluxo de resultados = R$154 mil
Taxa interna de retorno = 16,4%

A avaliação de uma empresa é, naturalmente, muito mais complexa do que o exemplo de funcionamento de uma máquina, pois vai considerar em detalhes todos os componentes da operação, desde os fatores que dependem de nossa vontade como aqueles que são independentes, ou sobre cujo resultado podemos influenciar mas não determinar. Estamos, assim, entrando no terreno da probabilidade, isto é, do que pode acontecer, a partir de uma série de premissas que o analista do projeto ou da empresa vai apresentar.

Essa avaliação mais complexa deve necessariamente englobar:

a. o estudo do mercado dos produtos ou serviços da empresa e o *market share* do nosso empreendimento, em função de sua capacidade de produção, marcas, aceitação de seus produtos e outros fatores;

b. a estimativa dos custos variáveis, isto é, todos aqueles desembolsos que serão uma função das quantidades que vamos produzir;

c. a estimativa dos custos fixos, que compreendem a estrutura que precisamos manter para que a operação possa gerar resultados, independentemente da quantidade de produção;

d. a estimativa de despesas financeiras;

e. a taxa de desconto; e

f. o prazo de projeção.

Devemos procurar estender a discussão sobre a estimativa do valor da empresa para descrever o que, frequentemente, é o sentimento do proprietário, no momento que precede uma transação.

Se o leitor vai ao banco da esquina e faz um depósito em dinheiro para render juros, obtém um certificado de depósito bancário (CDB) que estabelece o valor do principal, dos rendimentos e o prazo combinado, entre outras disposições.

Assim, esse depositante é, sem dúvida, credor do banco daquela quantia, somada aos juros pactuados pelo transcurso do tempo. Em outros termos, o leitor é um credor do mercado, num conceito mais amplo em que se distingue um agente econômico individual dos demais, aqui chamados em conjunto de "mercado".

Tomemos o exemplo de um agricultor que seja produtor de tomates, que ele pretende colocar no mercado, seja diretamente ou através de um distribuidor, até que o produto chegue ao consumidor final. O agricultor vai custear a produção, desde a aquisição ou arrendamento da terra, as sementes, o adubo, a mão de obra, a irrigação, a colheita, os juros de um eventual financiamento, a remuneração de seu capital próprio, o transporte até o consumidor e outros itens, e adicionar o que pensa ser um lucro razoável para a operação, daí resultando um preço de colocação de seus tomates na feira. O mesmo exemplo pode ser dado para outras atividades produtivas, seja um fabricante de alfinetes ou um prestador de serviços.

Nosso agricultor poderá ter o sentimento de que seus custos desembolsados seriam, perante o mercado, considerados tal como um depósito bancário e que ele, assim, seria um credor, como o cliente do banco, e mereceria obter de volta o que investiu na transação, mais um retorno justo, tal como os juros do depositante.

Ocorre que, de forma diferente do que sucede com o depositante bancário, o agricultor de nosso exemplo vai enfrentar, na determinação do preço de seus tomates, a lei da oferta e da demanda, isto é, de modo simplificado, o resultado da ação e da reação dos demais agentes econômicos envolvidos nessa transação. Entre eles, podemos listar os demais produtores de tomate, a quantidade de consumidores demandantes do produto, as alternativas de outros produtos, enfim, uma diversidade de fatores fora de seu controle.

Nosso agricultor está, portanto, diante de outro jogo, cujo conceito de preço justo, ou do crédito que teria perante o mercado, está além de sua vontade.

De forma semelhante, quando falamos do valor de uma empresa, mencionamos como forma de avaliação mais frequente a determinação do valor presente dos resultados esperados, não obstante a possibilidade de levantarmos os custos históricos das instalações e demais desembolsos que formaram o que é a empresa no momento da possível transação.

O proprietário da empresa pode, tal como no exemplo do agricultor, sentir-se um credor do mercado desses valores e, assim, ter sua própria percepção de quanto vale sua empresa. Esse conceito guarda semelhança com a ideia de que o valor da empresa estaria também vinculado ao custo de uma eventual reposição dos elementos que compõem a empresa, ou seja, quanto seria necessário desembolsar hoje para que se forme uma empresa idêntica.

Nesse ponto o agricultor e o proprietário da empresa vão estar sujeitos, igualmente, à implacável lei da oferta e da demanda: não obstante os custos históricos ou os valores de reposição, o valor de sua empresa estará dependente do número de agentes interessados na transação, de outros ofertantes de ativos parecidos, da oportunidade do negócio no cenário conjuntural e de demais elementos fora de seu controle.

Uma definição de maturidade é o entendimento adequado da realidade que nos cerca. Como recomendado pelo filósofo Reinhold Niebuhr (1892-1971), precisamos de serenidade para aceitar o que não pode ser mudado, coragem para mudar o que for possível e sabedoria para perceber a diferença entre uma e outra circunstância.

Entender as regras desse jogo e suas implicações e o fato de que não há como escapar dessa lógica são um pré-requisito essencial para lidar com a situação com maturidade.

2.2.1 Mercado

Ao analisarmos o mercado do projeto ou da empresa, estaremos procurando estimar as vendas que o empreendimento pode realizar. Para isso é necessário considerar seu histórico e as premissas para sua evolução, a concorrência atual e futura, o lançamento de novos produtos e sua publicidade, a capacidade de produção em função dos fatores técnicos, a tecnologia empregada e a capacidade de investimento dos sócios. Nesse caso, deve-se fazer uma distinção importante, se estamos analisando "um projeto", ou seja, uma empresa que vai passar a existir a partir de nossa decisão de associar os fatores de produção, ou um "projeto em andamento" isto é, uma empresa já existente, que é o foco maior deste capítulo.

Quando consideramos uma empresa já existente, a questão de quantificar seu mercado já parte com mais clareza do volume de vendas e produção que ela foi capaz de atingir, dadas todas as condições reais, não se tratando, pois, de somente premissas teóricas tal como ocorre quando estamos avaliando um projeto. Dessa forma, esse volume de vendas é o reflexo da capacidade de a empresa de manter seu *market share*. Para estimar se a empresa vai manter sua participação nesse mercado, aumentá-la ou diminuí-la, e também em que direção o mercado como um todo vai seguir, serão necessários estudos específicos relacionados com os produtos sendo analisados.

As avaliações pelo fluxo de caixa futuro descontado têm duas grandes divisões, quanto à capacidade de previsão e ao acerto com algum rigor. Em geral nos mercados de bens de consumo em que não há grandes inovações, há curvas temporais de consumo que podem ser projetadas com aumento ou diminuição de *market share* (para exemplificar, os mercados de energia elétrica ou de bebidas). Outros mercados são muito dependentes das inovações e, portanto, apresentam maiores dificuldades de projeção. Como exemplos, poderíamos citar as indústrias farmacêutica, de softwares ou de automóveis. No caso da indústria farmacêutica, novos medicamentos mais eficazes farão crescer a demanda, mas enquanto eles não são lançados permanece a necessidade do consumo dos já existentes. No caso de softwares, continua-se adquirindo os antigos até os novos lançamentos, assim como na indústria de automóveis, em que há necessidade de reposição da frota existente, mesmo não havendo novos lançamentos.

Como exemplo de um mercado dinâmico, nos últimos anos, em função da evolução tecnológica, expansão de capacidade instalada, redução de custos de produção, "criação da necessidade" e publicidade, vimos a telefonia celular no Brasil sair de poucos milhares de unidades para mais de duas centenas de milhões, dentro da tendência mundial, junto com grande número de concorrentes disputando o mercado já formado, para aumento de *market share* no quadro existente e no futuro.

Por outro lado, produtos cuja tecnologia não evoluiu ou foi substituída por nova (por exemplo, máquinas de escrever substituídas por impressoras acopladas a computadores, câmeras fotográficas com filmes substituídas por digitais, CD musical substituído pelo iPod) foram desaparecendo a ponto de as fábricas reduzirem drasticamente sua produção ou, até mesmo, deixarem de existir.

Há, também, exemplos curiosos de retomada de mercado: a confecção industrial de roupas formais no Brasil experimentou uma queda de demanda em função da tendência de moda mais esportiva, fato que foi parcialmente revertido com o crescimento do número de evangélicos, que vestem paletó e gravata aos domingos, e de empresas de segurança, que utilizam o terno como uniforme para seus empregados.

2.2.2 Projeção de custos variáveis

A projeção de custos variáveis vai considerar os custos que estarão associados ao volume de produção que se planeja em função das vendas que estamos adotando como premissas. Nesses custos vamos computar as matérias-primas, os produtos intermediários, a mão de obra diretamente envolvida na produção, a energia elétrica, os aluguéis das instalações industriais, entre outros. Se estivermos analisando um projeto, isto é, uma empresa que vai existir a partir de uma tomada de decisão, o montante dos investimentos necessários em máquinas, terrenos, instalações e tudo que for necessário para pôr em marcha a produção terá de ser considerado em nosso cronograma de desembolsos.

No caso da avaliação de uma empresa existente, essas considerações são, em geral, secundárias ou, de outra forma, são consideradas indiretamente, pela depreciação contábil, física e técnica, pois estamos nos ocupando principalmente em estimar os resultados futuros de uma empresa já instalada: os custos que foram realizados no passado para montar a empresa guardam apenas uma relação indireta com o que ela poderá vender. No exemplo extremo que citamos, de uma empresa que produzia máquinas de escrever, de nada adianta conhecermos os investimentos que foram realizados, pois não há vendas previstas em função do desaparecimento do mercado. Pouco interessa, assim, ao analista responsável pela avaliação de empresas o quanto foi investido, já que o passado de vendas, também, é uma base para projetar as vendas futuras e os resultados, mas não uma segurança de que o futuro vai refletir o passado.

Na avaliação de uma empresa, o histórico das demonstrações financeiras constituirá a base das estimativas, pois estaremos introduzindo em nossas projeções dados de uma realidade passada que podem sofrer alterações no futuro em função de medidas que os administradores possam tomar.

No item "despesas variáveis", vamos considerar ainda os impostos, as contribuições, as taxas e outros, conforme o histórico da empresa e a legislação vigente.

2.2.3 Projeção das despesas fixas

A projeção das despesas fixas vai considerar todos os desembolsos que incidirão na empresa, independentemente do volume de vendas que vamos alcançar, por exemplo as despesas com as equipes de vendas, excluídas as comissões variáveis, a administração e as necessidades de instalações estarão nesses itens. Assim como ocorre na projeção das despesas variáveis, o histórico das demonstrações financeiras será a base de nossa projeção, admitindo-se variações em função de medidas gerenciais, mudanças tecnológicas e de mercado.

2.2.4 Projeção das despesas financeiras

Neste item há também uma distinção importante, ou seja, se estamos tratando de avaliar um projeto ou uma empresa já existente. No caso de um projeto, devemos considerar o montante de capital de giro necessário, a uma taxa de juros de mercado, levando em conta principalmente a defasagem do tempo entre o pagamento da compra das matérias-primas, dos insumos em geral, do pessoal e o recebimento das vendas que forem realizadas. Tratando-se da avaliação de uma empresa existente, novamente o histórico vai ser muito útil para nos revelar como de fato a empresa vem se financiando.

Frequentemente, surge a discussão sobre como considerar o nível de endividamento real da empresa em análise, que foi formado ao longo de sua existência e que nos interessa para a avaliação, mas apenas parcialmente. Quando estamos considerando uma projeção de resultados, geralmente computamos como despesas financeiras o montante estritamente necessário para financiar a produção em curso: as despesas de dívidas anteriores serão julgadas em separado, pois ao calcularmos o valor da empresa, vamos deduzir o excesso de endividamento do preço que estamos estimando. Para melhor entendermos esse ponto, temos de voltar ao princípio de nosso capítulo, quando estávamos avaliando o fluxo de resultados futuros para achar, no presente, quanto estamos dispostos a pagar por essa série de resultados.

Da mesma forma que deduzimos o excesso de endividamento do preço que encontramos no valor atual de um fluxo de caixa, embora menos frequente em função da estrutura da maioria das empresas brasileiras, devemos somar à nossa avaliação o eventual excesso de capital, quando for verificado que esse volume de recursos é desnecessário ao tamanho da operação que estamos analisando.

2.2.5 Taxa de desconto

Computadas todas as estimativas futuras de recebimentos e desembolsos da empresa em avaliação, em cada período de nossa projeção, os resultados apurados deverão ser transportados ao valor presente, utilizando uma taxa de desconto. O tema "taxa de desconto" para avaliar um projeto ou uma empresa em andamento é bastante complexo e poderia motivar um capítulo à parte, com mais profundidade, o que está fora dos propósitos das nossas considerações neste livro. Para nosso entendimento, podemos aqui compreender a variável "taxa de desconto" como expressão conjunta do custo financeiro do mercado, das alternativas de oportunidade de outros projetos e, também, do risco envolvido no mercado que estamos avaliando.

2.2.6 Prazo da projeção

Diferentemente de nosso exemplo simples da operação de uma máquina com vida útil de 9 anos, em geral uma empresa não tem prazo para encerrar suas atividades, pressupondo-se que ela tenha um funcionamento contínuo. Nas avaliações de empresas, no entanto, é mais prático prepararmos estimativas de recebimentos e desembolsos para prazos que possamos visualizar com mais precisão, digamos três, cinco ou dez anos, dependendo das características da empresa e do mercado em que ela atua. A partir de certo período, recomenda-se a utilização de um rendimento constante, pois as variáveis de nosso modelo passam a apresentar maior dificuldade de projeção em virtude da quantidade de fatos novos que podem surgir: é mais fácil prever o futuro imediato do que o longo prazo.

Nesse ponto, a matemática financeira ajuda-nos de novo: a incerteza do futuro mais longo é atenuada pela taxa de desconto que vamos utilizar em nossa análise, pois ela é apurada de forma cumulativa. Assim, os resultados a serem obtidos além de determinados prazos (dez anos, por exemplo) pouco modificam o valor atual que vamos apurar como estimativa de preço. Os recebimentos e desembolsos mais próximos são, relativamente, mais importantes do que movimentos de caixa distantes. Para exemplificar, poucos têm a noção instintiva de que receber R$1 milhão dentro de 15 anos equivale a receber hoje somente R$123 mil, descontando cumulativamente o recebimento, por exemplo, à taxa de 15% ao ano.

De outra forma, em projetos muito complexos e com muitos riscos, poderá ser recomendável analisar os resultados em apenas um período determinado, desconsiderando projeções além desses períodos em virtude da grande incerteza que trazem. Em outras palavras, em determinados projetos é mais razoável supor que os investimentos devem ser amortizados num prazo fixo, desconsiderando o conceito de perpetuidade. Nesse caso se enquadraria um projeto de alta tecnologia, cuja expectativa fosse de que em três a cinco anos as condições do mercado e da tecnologia poderiam tornar obsoletos os atuais produtos.

Apresentamos a seguir um exemplo de um quadro que resume os trabalhos das projeções mencionadas e o cálculo do valor presente líquido (VPL).

Exemplo de projeção de fluxo de caixa de empresa em funcionamento

R$ mil

	Ano 1	Ano 2	Ano 3	Ano 4	Ano 5	Perpetuidade
Faturamento projetado	7.200	8.064	9.032	10.115	11.329	
Custos variáveis	(3.960)	(4.435)	(4.967)	(5.564)	(6.231)	
Custos fixos	(3.000)	(3.000)	(3.000)	(3.000)	(3.000)	
Lucro operacional	240	629	1.065	1.551	2.098	
Impostos/contribuições	(60)	(157)	(266)	(388)	(525)	
Resultado	**180**	**472**	**799**	**1.163**	**1.573**	13.108
VPL						9.378
Taxa de desconto						12%

2.3 MÚLTIPLOS DE FATURAMENTO

2.3.1 Algoritmo

Já vimos que uma das formas mais completas de se calcular o valor de uma empresa é através da estimativa de seu fluxo de caixa futuro. Existem, entretanto, atalhos para se chegar a essa estimativa, sem necessariamente ocorrer perda de rigor e qualidade ou, ainda, como uma forma complementar do estudo mais complexo.

De acordo com o dicionário, algoritmo significa o "processo de cálculo, ou de resolução de um grupo de problemas semelhantes, em que se estipulam, com generalidade e sem restrições, regras formais para a obtenção do resultado, ou da solução do problema".

Na avaliação de empresas, podem-se desenvolver diversos modelos matemáticos, como simulação da realidade, pressupondo uma simplificação. Como não é prático simular todas as situações da vida real, para que haja melhor percepção dos resultados limitam-se as premissas que afetam um modelo. Alguns modelos procuram desenvolver fatores como preço/lucro, tempo de retorno ou a relação preço/vendas, que passamos a denominar "múltiplos de faturamento".

Na discussão sobre fusões e aquisições, há uma tese de que "a cada real de faturamento anual corresponde um real de preço de venda", isto é, o preço da empresa seria equivalente ao seu faturamento anual. Será que isso se confirma? Em que hipóteses? É o que veremos a seguir.

Em nosso modelo de múltiplos de faturamento podemos simplificar a estimativa de variáveis mais importantes como:

2.3.2 Crescimento das vendas

A variável "crescimento das vendas" considera diversas questões: tamanho do mercado, concorrência, preços, capacidade de produção, disponibilidade de insumos, tecnologia e inovações, entre outras.

2.3.3 Margem de rentabilidade

A variável "margem de rentabilidade", ou lucro líquido por unidade de venda, vai expressar a habilidade da empresa em tornar eficiente a operação do empreendimento.

2.3.4 Taxa de desconto

A variável "taxa de desconto" expressa o custo financeiro do mercado, as alternativas de oportunidade de outros projetos e também o risco associado ao mercado específico.

Para evidenciar um entendimento sobre o assunto, apresentamos uma tabela padrão que reflete o valor da empresa como múltiplo de seu faturamento anual. Para tanto, o modelo simplificado considera algumas premissas:

- período de análise: cinco anos, com o critério de perpetuidade;

- estimativa de crescimento anual das vendas de 10% no período de cinco anos;

- margem líquida estável no período de cinco anos;

- taxas de desconto em função de juros de mercado, de critérios de risco e de custo de oportunidade.

Tabela de múltiplos com crescimento de vendas de 10% ao ano

Fator para estimar o valor da empresa como múltiplo do faturamento anual

		Margem líquida					
		10%	12%	15%	18%	25%	30%
Taxa de desconto	8%	1,6	2,0	2,5	2,9	4,1	4,9
	10%	1,3	1,5	1,9	2,3	3,2	3,8
	12%	1,0	1,3	1,6	1,9	2,6	3,1
	15%	0,8	1,0	1,2	1,5	2,1	2,5
	18%	0,7	0,8	1,0	1,2	1,7	2,0

Os fatores são constituídos um a um, exemplificando-se o caso central em que o resultado é o fator 1,0, conforme se segue:

Exemplo de memória de cálculo do múltiplo de faturamento

Crescimento de vendas	10%
Margem de rentabilidade líquida	10%
Taxa de desconto	12%
Vendas ano 1	R$100
Vendas ano 2	R$110
Vendas ano 3	R$121
Vendas ano 4	R$133
Vendas ano 5	R$146
Perpetuidade	R$1.220
Somatório das vendas	R$1.831
Valor presente das vendas	R$1.049
Rentabilidade das vendas	R$105
Venda anual inicial	R$100
Múltiplo de faturamento	1,0

Como se observa pelo gráfico da Figura 2.2, podemos registrar faixas de variação em que as combinações de taxas de desconto e margens de rentabilidade vão indicar fatores semelhantes, como a faixa de 12% de taxa de desconto e 10% de margem líquida, resulta no mesmo fator 1,0 que a faixa 18% de taxa de desconto e 15% de margem líquida.

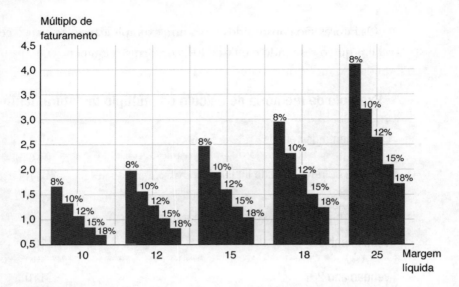

Figura 2.2 Fator para estimar o valor da empresa como múltiplo do faturamento anual em função de diferentes taxas de desconto — Crescimento de vendas de 10% ao ano.

As observações anteriores confirmam matematicamente, *com as premissas adotadas*, uma indicação de que "a cada real de faturamento anual corresponde um real de preço de venda". Naturalmente, sendo amplo o espectro de multiplicadores, reforça-se o conceito de que a qualidade da projeção das premissas é fundamental para a análise e não pode ser substituída automaticamente por uma fórmula padrão.

Observa-se, portanto, que o modelo múltiplo de faturamento serve apenas como orientação prática inicial e simulação rápida de alternativas. Tal como nas bulas de remédio, pode haver contraindicações e "efeitos colaterais" com seu uso excessivo ou indiscriminado.

2.3.5 Valor e preço

Enquanto discutimos a questão do valor da empresa, fica a pergunta sobre como se relaciona o valor ao preço que podemos efetivamente obter ou propor para a aquisição. Deve-se levar em conta que a estimativa do valor é feita em função de um retorno razoável que o projeto possa proporcionar. O preço efetivo leva em consideração, além disso, a liquidez do mercado, as condições da concorrência, o momento político e econômico e outros fatores, inclusive a velocidade da transação, isto é, o tempo de procura para se encontrar um comprador e um vendedor.

Num projeto de venda de uma empresa, o ideal é que a informação da oportunidade possa alcançar todos os potenciais interessados na transação, a fim de maximizar os resultados da procura. Tal processo leva tempo, uma vez que essas aproximações são realizadas em sigilo para não perturbar o funcionamento corrente da empresa, seus funcionários, concorrentes e fornecedores. De modo geral, pode-se obter um preço mais próximo da avaliação quanto maior for o número de pretendentes ao negócio; isso vai demandar o tempo dos contatos e do retorno dos pretendentes, os quais têm de fazer suas próprias análises do negócio.

Para ilustrar o efeito do tempo no preço de venda em relação ao valor estimado para o negócio, apresentamos uma figura exemplificativa que mostra que, a partir de determinado mês de procura de um compra-

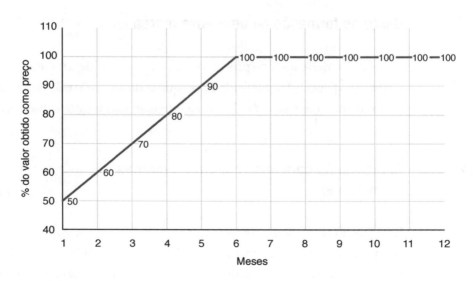

Figura 2.3 Efeito do tempo no preço de venda em relação ao valor estimado para o negócio.

dor, aqui com a hipótese do sexto mês, todos os potenciais interessados estarão cientes da oportunidade, de tal modo que o preço, a partir desse momento, convergiria para o número estimado em nossa avaliação.

2.4 MODELO ESTIMATIVO DO VALOR DA MARCA DE UMA EMPRESA (*ON GOING BUSINESS*)

Uma das questões que surge com frequência na avaliação de empresas é se as marcas da empresa têm valor isolado ou se fazem parte do conjunto de ativos que compõem o negócio.

A marca de uma empresa representa, quase sempre, um ativo intangível de valor econômico significativo, porém de difícil mensuração e, frequentemente, sem registros contábeis de suporte. Há, entretanto, diversas formas para se avaliar a marca de uma empresa, bem como outros bens intangíveis, como tecnologia, consolidação de clientes, recursos humanos etc. No caso específico de avaliação de marcas podemos citar, entre outros critérios, os seguintes:

2.4.1 Custo de formação de uma nova marca

A utilização desse método pressupõe que vamos considerar os custos de formação, divulgação, publicidade, pesquisas de mercado e do design do produto, até a consolidação da marca, isto é, sua aceitação no mercado.

2.4.2 Comparação com base em outras marcas no mercado

Esse critério baseia-se no conhecimento prévio do valor de outras marcas no mercado, não sendo, entretanto, satisfatório, porque as marcas são únicas, cada uma tendo suas particularidades e reconhecimento no mercado como substitutos imperfeitos. As marcas têm a característica de manter consumidores fiéis, independentemente dos preços de seus produtos, dentro de certos limites, o que dificulta a comparação entre marcas concorrentes.

2.4.3 Royalties

Esse método de avaliação estima o valor presente dos ganhos (*royalties*) com a cessão da marca, caso ela fosse licenciada a terceiros.

2.4.4 Comparativo — Valor presente líquido

O procedimento que utilizamos neste exercício é o mais amplamente empregado, e através dele poderemos trazer para o presente o valor dos fluxos de caixa líquidos futuros obtidos com o uso da marca. Nesse caso, é frequentemente difícil distinguir entre os resultados provenientes das vendas derivadas do conhecimento da marca e os resultados da operação industrial e comercial.

No presente exercício, estamos propondo um modelo que denominamos Comparativo, e que irá analisar duas empresas concorrentes, uma já estabelecida e com sua marca amplamente reconhecida (empresa A) e outra que está entrando no mercado, como uma nova unidade industrial e com uma nova marca (empresa B). Pressupomos também que o mercado crescerá de forma a viabilizar a existência das duas empresas no futuro.

O objetivo deste exercício é comparar o valor dessas duas empresas, a fim de avaliar a importância e a influência de uma marca reconhecida e aceita no mercado e do *on going business*, isto é, de uma empresa em funcionamento com *market share* conquistado, em comparação com o valor de uma empresa que se inicia sem marca conhecida.

Enquanto a empresa A já se encontra plenamente integrada ao mercado e seu relacionamento com fornecedores e distribuidores está definido, a empresa B irá começar a conquistar credibilidade no mercado, fazendo acordos comerciais menos vantajosos em volume e preço. Por consequência, a empresa B irá incorrer, no início, em custos maiores, em função de diversos itens de produção, conquista de mercado, treinamento de mão de obra, controle de qualidade, capacidade instalada, amortização das despesas de instalação etc., até conseguir entrar em "velocidade de cruzeiro" comparável à empresa A.

2.4.5 Descrição das premissas do modelo Comparativo

Para ilustrar o modelo, adotamos valores exemplificados que guardam uma relação razoável entre si, conforme o quadro adiante.

Faturamento líquido: corresponde ao faturamento anual total da empresa, descontados os impostos. Com base no faturamento líquido do ano 1 da empresa A, foram projetados valores para os nove anos seguintes, considerando um crescimento de 10% ao ano. A partir do décimo ano, foi adotado o critério de perpetuidade, seguindo uma taxa de desconto de 18%. A empresa B não realiza faturamento líquido no primeiro ano, pois foi considerado que sua fábrica estava em processo de instalação e que estava ainda planejando seus investimentos em marketing e distribuição a fim de se lançar no mercado. Seu faturamento só se realizará no segundo ano e irá evoluir rapidamente até chegar ao quinto ano, quando seu crescimento irá se estabilizar em 10% ao ano, assim como ocorre com a empresa A.

Custo dos produtos vendidos: é a soma de todos os custos variáveis envolvidos na produção. Foi considerada para a empresa A uma margem bruta constante de 40%, enquanto para a empresa B adotou-se uma margem inicial de 30%, que irá subir gradativamente até que ela alcance a mesma produtividade da empresa A, no décimo ano.

Lucro bruto: é a diferença entre o faturamento líquido e o custo dos produtos vendidos.

R$ mil

Empresa A	Ano 1	Ano 2	Ano 3	Ano 4	Ano 5	Ano 6	Ano 7	Ano 8	Ano 9	Ano 10	Perpetuidade
Faturamento líquido	3.000	3.300	3.630	3.993	4.392	4.832	5.315	5.846	6.431	7.074	39.299
Custo dos produtos vendidos	1.800	1.980	2.178	2.396	2.635	2.899	3.189	3.508	3.858	4.244	23.579
Lucro bruto	1.200	1.320	1.452	1.597	1.757	1.933	2.126	2.338	2.572	2.830	15.720
Despesas administrativas	300	324	350	378	408	441	476	514	555	600	3.332
Despesas comerciais	180	194	210	227	245	264	286	308	333	360	1.999
Despesas financeiras	120	132	145	160	176	193	213	234	257	283	1.572
Lucro	600	670	747	833	928	1.034	1.152	1.282	1.427	1.587	8.817
Impostos	240	264	290	319	351	387	425	468	514	566	3.144
Lucro líquido	360	406	457	513	577	648	726	814	912	1.021	5.673

Total de desconto	18%
Valor presente líquido	3.395

56 Capítulo 2

R$ mil

Empresa B	Ano 1	Ano 2	Ano 3	Ano 4	Ano 5	Ano 6	Ano 7	Ano 8	Ano 9	Ano 10	Perpetuidade
Faturamento líquido	–	500	700	1.400	3.000	3.300	3.630	3.993	4.392	4.832	26.842
Custo dos produtos vendidos	–	350	490	980	2.040	2.244	2.468	2.715	2.987	2.899	16.105
Lucro bruto	–	150	210	420	960	1.056	1.162	1.278	1.406	1.933	10.737
Despesas administrativas	–	50	54	58	63	68	73	79	86	93	514
Despesas comerciais	–	30	32	35	38	41	44	48	51	56	308
Despesas financeiras	–	20	28	56	120	132	145	160	176	193	1.074
Despesas de amortização	100	100	100	100	100	100	100	100	100	100	–
Lucro	(100)	(50)	(4)	171	639	715	799	891	993	1.491	8.840
Impostos	–	40	56	112	240	264	290	319	351	387	2.147
Lucro líquido	(100)	(90)	(60)	59	399	451	508	572	641	1.105	6.693

Total de desconto	18%
Valor presente líquido	1.937

Valor da marca (*on going business*)	1.458	+75%
Diferença entre o VLP da empresa A e o da empresa B		

Despesas administrativas: tanto para a empresa A como para a empresa B, as despesas administrativas foram calculadas em 10% sobre o faturamento líquido do ano base e, para os anos seguintes, foi projetado um crescimento anual das despesas da ordem de 8%. Esse percentual é inferior ao percentual de crescimento do faturamento, na hipótese de se registrarem maiores eficiências.

Despesas comerciais: assim como as despesas administrativas, elas foram estimadas em 6% sobre o faturamento líquido, a partir do ano-base, e projetado um crescimento das despesas de 8% ao ano.

Despesas financeiras: foram estimadas em uma taxa constante de 4% sobre o faturamento líquido, para as duas empresas.

Despesas de amortização: são as amortizações que a empresa B deverá registrar referentes aos custos de instalação da fábrica. A empresa A não apresenta essas despesas, pois essas amortizações são referentes apenas à construção industrial e não às futuras modernizações ou ampliações.

Lucro operacional: é o lucro obtido antes da arrecadação dos impostos. É obtido pela diferença entre o lucro bruto e as despesas administrativas, comerciais, financeiras e de amortização.

Impostos: são os impostos de renda e a contribuição social a serem arrecadados, estimados em 8% do faturamento líquido.

Lucro líquido: é o lucro operacional, descontados os impostos e a contribuição social.

Taxa de desconto: no exemplo, consideramos a taxa de desconto para o valor presente, estimada em 18% ao ano considerando as taxas de juros vigentes, o risco do negócio e o custo de oportunidade. Alternativamente, poderia ser adotada uma taxa mais alta somente para a empresa que se inicia no mercado, em face das maiores incertezas. As variações de premissas de vendas, entretanto, já consideram esses fatores.

Valor presente líquido: o valor presente líquido considera o resultado obtido nos dez anos de projeção detalhada, mais a perpetuidade, descontado para valores atuais.

O valor da marca está representado pela diferença entre os valores presentes líquidos dos fluxos de caixa da empresa A e da empresa B. Como a empresa A já está estabelecida no mercado e sua marca já é reconhecida, ela pode vender mais a custos menores, o que indiretamente representa um ativo intangível. A empresa B, no entanto, segundo nosso modelo, deverá levar, no mínimo, dez anos para alcançar a capacidade produtiva e alcançar o *market share* da empresa A. Nesse período, a empresa B estará se esforçando para operar em condições de produção pelo menos tão vantajosas quanto as da empresa A e ainda conquistar sua própria base de clientes.

A diferença de valor entre as duas empresas é a estimativa do valor do ativo intangível da empresa A, que é sua anterioridade, seu reconhecimento pelo mercado representado pela marca e maior capacidade de geração de lucros no curto prazo.

No presente exemplo, a empresa A teve seu valor estimado em R$3.395 mil e a empresa B, em R$1.937 mil, atribuindo-se a diferença de R$1.458 mil (ou mais 75%) à formação anterior da marca e à existência de um negócio em curso, ou *on going business*.

2.5 COMO TRANSACIONAR AS EMPRESAS: PASSO A PASSO

2.5.1 Operação de venda

Como orientação geral, elaboramos uma relação dos dez passos sequenciais mais importantes que resumem a operação de venda de uma empresa:

1. Preparar um relatório de apresentação da empresa, a ser entregue a potenciais interessados mediante compromisso de confidencialidade.

Esse documento deve descrever a companhia resumidamente. Os interessados no empreendimento terão acesso ao histórico de realizações da empresa e a uma previsão de suas possibilidades futuras, ambos aspectos importantes a serem analisados de forma equilibrada. O relatório deverá ser preparado segundo a melhor técnica disponível, a fim de estimar com a máxima precisão possível o valor justo da empresa. Esse relatório poderá, ou não, apresentar uma estimativa do valor ou preço da empresa. Essa decisão dependerá se for conveniente dar uma indicação inicial por parte do vendedor ou deixar que o potencial adquirente faça sua própria avaliação e uma proposta independente da pretensão do comprador.

2. Identificar os potenciais investidores: nessa fase, somente aqueles que têm interesse efetivo na compra e não apenas curiosidade, e recursos suficientes para dar andamento ao projeto, tornam-se investidores potenciais. O consultor deverá ajudar na prospecção de interessados, através de banco de dados. Uma atenção maior é dada aos potenciais compradores cujas características de sinergia (clientes, fornecedores e concorrentes) os tornam adquirentes mais prováveis.

3. Aproximar-se de cada investidor potencial sem revelar a identidade da empresa a ser alienada. Os contatos iniciais com os investidores potenciais devem ser efetuados no nível hierárquico mais elevado possível, começando pelo acionista ou pelo executivo principal, para fornecer informação suficiente a fim de despertar o interesse do investidor.

4. Realizar a primeira reunião com o investidor potencial: o investidor e o vendedor são apresentados e propõem suas considerações para as transações futuras. O consultor deve assessorar o vendedor nessa reunião e avaliar se convém divulgar um preço de venda nesse momento.

5. Dar início às negociações: a criatividade nas alternativas, caso a caso, é decisiva para o bom andamento da transação. O consultor

ajudará, ainda, a planejar a estrutura do negócio e evitar os inconvenientes que advêm do envolvimento direto do acionista com a venda de sua empresa nessa fase.

Deve-se considerar que há sempre, pelo menos, três partes envolvidas na transação: o investidor, o vendedor e o governo, este indiretamente pelos aspectos tributários e de defesa da concorrência. A forma da transação, sua estrutura e forma de pagamento, assim como seu cronograma, são afetados pelos impostos tanto para o investidor como para o vendedor. Frequentemente, o planejamento fiscal, entendido como a forma de efetuar a operação minimizando a carga tributária, dentro da legislação, é decisivo para se encontrar um ponto de equilíbrio entre o preço pedido pelo vendedor e a análise de quanto vale a oportunidade para o investidor e sua capacidade de pagamento.

6. Elaborar um memorando de entendimentos. Esse memorando deve registrar a identificação dos nomes do investidor e do vendedor e os executivos com poderes de ação; estabelecer o preço e os prazos de pagamento; determinar os ativos, passivos e as garantias a serem transferidos; relacionar todas as contingências e os ajustes ao preço de venda; estabelecer um calendário para conclusão da auditoria especial (*due diligence*) e preparação do contrato de compra e venda; descrever outras questões acordadas pelas partes.

7. Compreender a importância do processo da *due diligence*: com o memorando de entendimentos assinado, inicia-se o processo de auditoria especial. Essa é uma das fases mais delicadas da venda de um negócio. O investidor, por intermédio de seus auditores, advogados, economistas e outros peritos (engenheiros, por exemplo), recolherá informações adicionais, examinará registros e discutirá vários aspectos com os executivos da empresa ora sendo adquirida. O vendedor deverá insistir para que a confidencialidade seja mantida ainda nesse estágio, a fim de evitar desgastes com o mercado em geral (clientes, concorrentes, fornecedores e mídia).

8. Obter o financiamento para o investidor: caso seja necessário, o vendedor e o consultor deverão auxiliar na obtenção do financiamento para adquirir o negócio. É muito comum que o vendedor receba parceladamente, de modo que estará indiretamente financiando a aquisição.

9. Tratar da segurança de recebimento do pagamento: em alguns casos, a segurança é possivelmente o aspecto mais difícil de uma transação e uma causa frequente da suspensão de uma venda. No memorando dos entendimentos, os assessores jurídicos das partes já terão previsto cláusulas a esse respeito, as quais precisam ser ratificadas no contrato definitivo de compra e venda.

10. Preparar a documentação legal e assinar o contrato de compra e venda: a fim de assegurar que o investidor e o vendedor estejam protegidos corretamente, o contrato deverá ter sido preparado pelos respectivos advogados, como sequência do memorando de entendimentos e da *due diligence*. Geralmente, haverá uma cláusula no contrato estabelecendo que uma parte do preço ficará pendente (20% a 30%) durante algum tempo, por conta de prazos prescricionais de compromissos comerciais, fiscais, trabalhistas etc., para eventuais ajustes em relação a eventos não previstos na auditoria especial.

2.5.2 Operação de compra

De forma semelhante, comprar uma empresa deve envolver os seguintes passos:

1. Preparar um estudo listando as empresas do mercado em questão, suas características, seus dados de faturamento e demonstrativos financeiros, se disponíveis num primeiro momento.

2. Identificadas uma ou mais empresas-alvo, fazer contato para sondar o interesse numa negociação. Esse passo pode ser seguido, em mui-

tos casos, antes de se anunciar o nome do interessado, uma vez que o processo de compra está sendo conduzido pelo consultor.

3. Obter os dados necessários à avaliação, mediante um compromisso de confidencialidade que nessa fase não obriga as partes a seguir na negociação, não estabelecendo vínculos.

4. Apresentar, através de um consultor, uma oferta ao vendedor, baseada na avaliação realizada, após consenso com o comprador; caso se alcance um acordo verbal sobre a transação, elaborar um memorando de entendimentos sobre a transação, tal como está descrito no processo de venda da empresa.

A partir desse momento, os passos obedecem à mesma sequência da operação de venda.

2.6 DIAGNÓSTICO EMPRESARIAL

2.6.1 A possibilidade da realização de um diagnóstico

O maior conhecimento prévio da empresa a ser adquirida é uma das medidas que aumentam a possibilidade de que a transação tenha sucesso, muito embora não seja uma garantia. Nem sempre é possível obter-se um diagnóstico completo das atividades operacionais antes da operação concluída definitivamente, uma vez que esse levantamento poderá gerar movimentação de pessoal passível de quebrar a confidencialidade da operação.

A *due diligence* contábil e as verificações jurídicas, objeto de capítulos deste volume, são averiguações indispensáveis, feitas com antecedência ao fechamento do negócio, mas não abrangem diversos aspectos operacionais que um diagnóstico empresarial poderá alcançar. Também se deve observar que a *due diligence* e a verificação jurídica podem ser organizadas de forma mais discreta, sem revelar a intenção final da transação, uma vez que isoladamente são providências que as empresas deveriam tomar preventiva e rotineiramente.

Havendo, portanto, a possibilidade de se realizar um diagnóstico empresarial, antes do fechamento do negócio, o relatório produzido ensejará um enfoque completo sobre o empreendimento através de um processo organizado e técnico de conhecimento. Caso não seja viável realizar esse trabalho com antecedência, o diagnóstico poderá ser uma das primeiras ações da administração que estará assumindo a gestão da empresa.

Esse diagnóstico deverá ser efetuado por consultores da confiança do potencial adquirente e incluirá a revisão de diversos aspectos operacionais e financeiros da empresa, além de um mapeamento dos controles internos, como meio de obter preventivamente o entendimento das questões principais e, a partir daí, já estabelecer as recomendações de encaminhamento de soluções para a nova gestão.

2.6.2 O processo de trabalho

Como se sabe, Sócrates (470 a.C. – 399 a.C.) foi um pensador grego fundador da filosofia ocidental, cujos escritos foram escassos, e, portanto, quase tudo que sabemos sobre seu pensamento é proveniente de seus diálogos com seu não menos famoso aluno, Platão.

O que é menos divulgado, e pode ser aplicado às questões de diagnósticos empresariais, foi sua criação do método indagativo e de estranhamento, que consiste em formular as mais óbvias questões até que o então seguro interlocutor caia em contradições, o que possibilitaria o surgimento de outras formas de conhecimento. Poder estranhar os fatos aparentemente óbvios é romper com o automatismo das próprias percepções, sistema que pode ser empregado na avaliação dos procedimentos e rotinas das empresas.

A metodologia passará em revista as práticas de administração da empresa, verificando as diferentes modalidades de gestão e políticas administrativas, aí incluídas a produtiva, a comercial (vendas, marketing, formação de preços, concorrência, compras e política de estoques) e a financeira, bem como os controles gerais desses departamentos, sejam contábeis ou gerenciais.

Além desses aspectos, será necessário examinar a quantificação, a qualificação e a motivação dos recursos humanos, obtendo uma descrição dos organogramas, funções principais, custos por departamento e outras informações próprias dessa área.

O trabalho de diagnóstico deverá iniciar-se pela demanda da entrega das informações disponíveis (organograma das áreas, descrição dos cargos principais, relatórios de controle, papéis de trabalho, demonstrações financeiras, atas de assembleias, reuniões do conselho e diretoria etc.) de modo a permitir o melhor e mais abrangente conhecimento prévio da empresa; nesse estágio, é recomendado que os consultores recebam o material imediatamente, na forma habitual em que estão disponíveis na empresa, pois o nível e a qualidade das informações existentes já constituem, por si, um elemento significativo para a avaliação.

Os consultores não deverão limitar-se ao exame de documentos, devendo promover visitas à empresa, não só às instalações operacionais e produtivas, mas também aos departamentos financeiro e administrativo, entrevistando encarregados e funcionários, confirmando controles internos e os diversos sistemas gerenciais de vendas, de contas a receber e a pagar, na área financeira, passando aos demais na área logística, como compras, estoques e recursos humanos.

2.6.3 Itens a serem levantados

Esse relatório deverá ter descrições e sugestões sobre diversos aspectos, entre os quais destacamos os seguintes:

- **Administração de contas a receber: cadastro, análise de crédito, sistemas de cobrança e de controle da inadimplência**

Descrição como a empresa cadastra clientes potenciais, analisa e aprova valores de crédito para vendas a prazo, como funcionam seus sistemas de cobrança e como são tratados os casos de inadimplência. Deverá ser apresentado um resumo dos valores de contas a receber em aberto, discriminando os casos mais relevantes por cliente e data de vencimento, e, havendo inadimplências significativas, listá-las com as indicações de procedimentos para recuperação dos créditos.

- **Administração de contas a pagar: controles, processos, sistemas e segurança**

Exame dos procedimentos e controles habituais que precedem os pagamentos da empresa, desde as requisições de materiais e serviços, frequentemente geradas pelos sistemas de estoques, passando pelas autorizações de compra, conferência de recebimentos de materiais e suas conformidades, lançamentos no sistema de contas a pagar, autorizações de pagamento e inclusão no sistema de previsão de fluxo de caixa.

- **Tesouraria: previsão do fluxo de caixa e controle de bancos**

Os consultores deverão examinar como são preparados os relatórios de fluxo de caixa e sua utilização para fins gerenciais, bem como as previsões de fluxo de caixa de curto prazo, que possam refletir a posição financeira real atualizada e suas perspectivas.

- **Escolha de parcerias com instituições financeiras: critérios de risco e diversificação**

Analisar quais são as instituições financeiras que têm relacionamento com a empresa, os montantes de aplicação e/ou a captação de recursos, os prazos e custos envolvidos, bem como as garantias oferecidas, se for o caso; além disso, deverão ser analisados a concentração e a diversificação de parceiros e os limites de crédito praticados individualmente.

- **Negociações com bancos, clientes, fornecedores e outros: exame sobre o aproveitamento máximo do potencial de negócios com esses parceiros**

Revisão, de forma abrangente, do relacionamento geral da empresa com seus parceiros, não só nos itens financeiros, como descrito anteriormente, mas também o relacionamento com clientes e fornecedores, para verificar o nível de aproveitamento atual e potencial.

- **Perfil de endividamento geral: análise do endividamento**

Composição de um quadro de análise geral do endividamento atual, seja bancário, seja com fornecedores, impostos específicos por categoria e outros.

- **Recursos humanos**

Avaliação quantitativa e qualitativa do quadro de funcionários, com uma descrição de cargos e salários por departamento, e um organograma completo. Além desses aspectos, deverá ser observado o nível de motivação da administração e dos funcionários.

- **Política comercial: vendas, marketing, formação de preços, concorrência, publicidade**

Descrição sobre a política de vendas da empresa, seus métodos de trabalho, o planejamento de marketing, o relacionamento com a concorrência, a política de formação de preços, os programas de publicidade e as alçadas de autorização.

- **Rentabilidade das operações: análise da rentabilidade das operações**

Apresentação da rentabilidade histórica e atual das linhas de produtos vendidos, discriminando volumes de vendas por regiões geográficas, lojas, distribuidores e clientes, apresentando as margens brutas de comercialização referidas por essas unidades.

- **Autonomia e integração: verificação das alçadas para tomada de decisões**

É importante que o relatório descreva os níveis de alçada de cada departamento e diretor, sobre os diversos aspectos da administração, quando são as datas de *reporting* e avaliação e quais assuntos costumeiramente são decididos pela diretoria, conselho e assembleia de acionistas.

2.6.4 Conclusões e recomendações

O relatório deverá ser finalizado com uma série de sugestões de recomendação de melhoria de gestão que possibilitem aprimorar controles e identificar ganhos ou economias relevantes que podem resultar num programa de trabalho para execução e acompanhamento da nova administração.

3

Due diligence contábil

Érico Luiz Canarim

3.1 INTRODUÇÃO

Os trabalhos de apoio a transações de aquisição ou venda de participações societárias de empresas, internacionalmente denominado *due diligence*, requerem profissionais especializados em diversas áreas, tais como: contadores, economistas, advogados, engenheiros, administradores, atuários etc. O auditor independente, que no Brasil é obrigatoriamente um bacharel em ciências contábeis, é um entre os diversos especialistas contratados pelas partes (*players*) para assessorar e dar suporte técnico à possível transação no ponto de vista contábil e financeiro. Geralmente, um dos profissionais contratados pelos *players* é designado para dirigir, coordenar e centralizar os serviços dos demais especialistas.

A título de exemplo, relacionamos a seguir os serviços comumente requeridos e executados em uma *due diligence*:

a. Aplicação de procedimentos de auditoria preestabelecidos em uma revisão limitada de demonstrações contábeis, em data-base selecionada para a transação;

b. Compilação de informações de caráter contábil, fiscal, financeiro, operacional e organizacional;

c. Levantamento físico de ativos e avaliação dos bens a preços de custo, de mercado ou de liquidação;

d. Investigação da titularidade de imóveis e da existência de ônus sobre os ativos contabilizados;

e. Análise de contratos em vigor, relativamente a prazos, juros e encargos contratuais e, em particular, possibilidade de vencimento antecipado em caso de transferência de participações societárias;

f. Pesquisa sistemática de possíveis litígios de natureza fiscal, trabalhista, previdenciária, comercial etc., e elaboração de estimativa das contingências;

g. Diagnósticos de natureza estratégica, técnica e organizacional de áreas específicas da empresa, tais como: recursos humanos, marketing produção, vendas etc.;

h. Determinação do valor patrimonial ou do valor econômico da empresa, sob critérios previamente definidos.

3.2 PAPEL DO AUDITOR INDEPENDENTE EM UMA DUE DILIGENCE

O papel do auditor independente em uma *due diligence* varia em grande amplitude, em função de fatores como: interveniência de órgãos reguladores na transação, sofisticação gerencial das partes envolvidas, complexidade da transação programada, conhecimento das normas, pelos *players*, regulamentos e legislação do país e específicos do ramo de negócios. Os serviços do auditor independente, em trabalhos dessa natureza, podem ser contratados pelo comprador ou pelo vendedor e, eventualmente, são requeridos por ambas as partes. De qualquer forma, entretanto, é importante que o objetivo e a extensão dos exames sejam claramente definidos pelos contratantes, em função de circunstâncias específicas de cada negociação. A carta-proposta do auditor independente deve evidenciar claramente a natureza e extensão dos procedimentos de auditoria previamente combinados, que deverão ser observados na condução dos trabalhos de campo e quanto ao conteúdo do correspondente relatório a ser emitido no final dos trabalhos.

3.3 FLUXO DAS OPERAÇÕES DE UMA EMPRESA

Antes de iniciar os trabalhos de campo, o auditor deve procurar entender o fluxo das operações da empresa e identificar os dados e as informações gerenciais que se encontram por trás dos números e valores apresentados nas demonstrações contábeis e financeiras da empresa sob exame. A forma mais eficaz e eficiente de representar o processamento das transações contábeis de uma empresa e entender as atividades empresariais resume-se em classificar as operações em ciclos, como se segue:

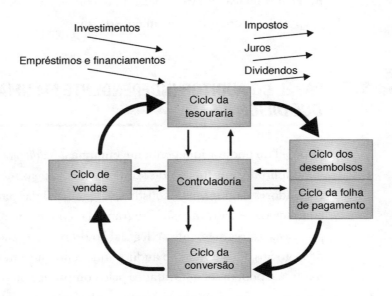

Ciclo da tesouraria. O fluxo das operações inicia-se no ciclo da tesouraria, onde ocorre a captação dos recursos financeiros sob a forma de participação societária, empréstimos e financiamentos. Os recursos captados são gerenciados nesse ciclo até serem requeridos pelas operações.

Ciclo dos desembolsos e da folha de pagamentos. Neste ciclo, são gerenciadas as aquisições de bens e serviços, mediante provisão e pagamento de fornecedores e empregados, com utilização dos recursos financeiros captados no ciclo da tesouraria.

Ciclo da conversão. Os recursos econômicos (insumos) são utilizados e, no ciclo de conversão, transformados em bens ou serviços que serão comercializados pela empresa.

Ciclo das vendas. No ciclo das vendas é gerenciada a transferência dos bens e serviços para terceiros e administrados os procedimentos e contratos de vendas e os procedimentos de cobrança.

Completado o fluxo das operações, os recursos financeiros obtidos nas atividades empresariais retornam ao ciclo da tesouraria, onde possibilitam a liquidação dos impostos, o pagamento dos juros e encargos financeiros dos empréstimos e dos financiamentos e, por fim, a remuneração dos acionistas através dos dividendos.

Os quatro ciclos anteriormente descritos se inter-relacionam, fornecendo dados financeiros e informações gerenciais a um quinto ciclo – ciclo da controladoria – que tem como responsabilidade final a elaboração das demonstrações contábeis e gerenciais.

Dentre as demonstrações contábeis elaboradas pela controladoria, destaca-se o denominado balanço patrimonial. Em um processo de aquisição e venda de participações societárias, o balanço patrimonial é um dos primeiros relatórios solicitados para exame. Para efeito deste capítulo, nos concentraremos na descrição sumária dos principais procedimentos de auditoria adotados em uma *due diligence* para validar os saldos das contas patrimoniais apresentadas no balanço patrimonial de uma empresa sob exame.

3.4 PRINCIPAIS COMPONENTES DO BALANÇO PATRIMONIAL

O balanço patrimonial tem por finalidade apresentar a posição financeira e patrimonial de uma empresa, em determinada data-base. Os procedimentos de auditoria aplicáveis a um serviço especial de *due diligence* variam, dependendo da natureza dos ativos e passivos a serem validados. Dentro desse conceito, segregamos os componentes do balanço patrimonial para esse exercício nos seguintes grupos de contas:

Balanço patrimonial

Ativo	Passivo
Ativos monetários	Passivos monetários
Estoques	Obrigações contingentes
Bens e direitos contingentes	Patrimônio líquido contábil
Investimentos permanentes	
Imobilizado	

3.4.1 Ativos monetários

Sob o título "ativos monetários" são incluídos, entre outros, os seguintes principais bens e direitos realizáveis a curto ou longo prazo:

a. Numerário em caixa

b. Saldos bancários

c. Aplicações financeiras

d. Contas a receber de clientes

e. Adiantamento a fornecedores

Os procedimentos de auditoria para a validação desses saldos, segundo as normas profissionais, não requerem modificação significativa quando executados em um trabalho de *due diligence*. Ou seja, a forma mais eficaz de confirmar a existência e a exatidão de um saldo componente do grupo de ativos monetários é por meio do procedimento de auditoria denominado circularização, no qual é solicitado, através de correspondências, a confirmação direta das empresas devedoras. Uma vez obtida resposta com saldo divergente do constante nos livros contábeis da empresa sob exame, procede-se à devida conciliação, e, se aplicável, será apontado e recomendado um ajuste ao patrimônio líquido contábil na data-base da transação.

Na eventualidade de não ser prática ou possível a confirmação direta dos saldos, através da circularização, o auditor deverá proceder a exames alternativos, mediante revisão dos contratos firmados, conferência dos juros e encargos contratuais, e, em última instância, confirmar o recebimento efetuado no período subsequente à data-base das demonstrações contábeis sob exame.

É importante também, em um trabalho de *due diligence*, uma análise cuidadosa da necessidade de provisão para possíveis perdas ou para devedores duvidosos. Essa análise deve incluir, entre outros, os seguintes e principais procedimentos de auditoria:

a. Leitura e discussão com a gerência, da composição dos saldos vencidos e não pagos até a data-base da transação;

b. Exame da suficiência das garantias oferecidas pelos devedores e análise do histórico de perdas da empresa com contas a receber;

c. Obtenção de opinião dos advogados da sociedade sobre a possibilidade de recuperação dos saldos em cobrança judicial.

Com o resultado desses exames, o auditor deverá, se aplicável, recomendar a constituição de provisão para perdas de ativos monetários a débito do patrimônio líquido, tendo em mente, logicamente, os critérios definidos pelas partes envolvidas na transação para o que seja considerado "valor relevante" para ajuste do patrimônio líquido contábil.

3.4.2 Estoques

Sob título de "Estoques" são incluídos no balanço patrimonial os seguintes e principais saldos:

a. Matérias-primas;

b. Produtos em processo;

c. Produtos acabados.

A auditoria dos saldos de estoques em trabalhos de *due diligence* deve dar ênfase especial à existência física dos ativos. A confirmação deve ser feita pelo inventário físico na data-base da transação ou em data posterior, com o exame da movimentação retroativa até a data-base de transação.

A avaliação dos itens em estoque na data-base deve ser feita com base no custo de aquisição ou produção, deduzido, se aplicável, de provisão para perdas a fim de ajustá-lo ao valor de mercado, quando este for inferior. Deverão ser provisionados, também, os saldos relativos aos itens de difícil realização, tais como:

a. Matérias-primas obsoletas ou de movimentação morosa;

b. Estimativa de perdas na produção (produtos em processo);

c. Produtos acabados fora de linha e de movimentação morosa.

As provisões para perdas em estoques serão recomendadas, se aplicável, a débito do patrimônio líquido contábil na data-base da transação.

3.4.3 Direitos não registrados na escrituração comercial

As práticas contábeis e a legislação societária não consideram procedimento conservador a contabilização de direitos ou créditos condicionados à ocorrência de certos eventos que podem ou não se materializar no futuro. Entretanto, quando da compra ou venda de uma empresa, é importante identificar e quantificar esses direitos contingentes que poderão ser "herdados" pelo comprador na eventualidade de conclusão da transação e caso seja acordada formalmente a sucessão entre os *players*.

Os ativos contingentes mais comuns são aqueles relacionados com a área tributária, que se encontram em disputa na esfera judicial. A título de exemplo, destacamos os seguintes direitos contingentes, que, geralmente, não são registrados na escrituração comercial:

a. Créditos fiscais decorrentes de imposto sobre produtos industrializados — IPI sobre insumos adquiridos sob regime de isenção; sobre a importação de bens do imobilizado e sobre a exportação de produtos acabados;

b. Créditos fiscais decorrentes de imposto sobre a circulação de mercadorias — ICMS sobre insumos consumidos no processo;

c. Diferimento de imposto de renda e contribuição social sobre o lucro líquido decorrente de prejuízo fiscal e base negativa de contribuição social que serão compensados na carga tributária sobre o lucro a ser apurado nas operações futuras.

Embora os ganhos contingentes não se enquadrem no conceito de recebíveis líquidos e certos, para fins de registro contábil, em uma *due diligence* esses ativos contingentes devem ser quantificados e reportados, com especial atenção aos seguintes aspectos:

a. Natureza e estimativa do montante líquido envolvido e custos e despesas associados à sua realização no futuro;

b. Atual estágio do processo e possibilidades de ganho, considerando a jurisprudência em casos semelhantes;

c. Impactos nas demonstrações contábeis sob exame, considerando principalmente o valor envolvido e a materialidade em relação ao patrimônio líquido contábil na data-base da transação.

3.4.4 Validação dos saldos de investimentos permanentes

Os investimentos permanentes são representados, principalmente, por participações societárias em empresas controladas, coligadas e subsidiárias integrais. São classificados, também, nesse grupo de contas, investimentos, usualmente de menor valor, tais como: aplicações decorrentes de antigos incentivos fiscais, obras de arte, imóveis destinados a renda etc.

Os investimentos permanentes são avaliados pelo método de custo ou pelo método da equivalência patrimonial, quando se trata de participações societárias relevantes em sociedades cuja controladora tenha influência na administração da investida. Por serem bens de natureza permanente, a constituição da provisão para perdas só deve ocorrer quando a perda for considerada de longa duração ou definitiva.

Em uma transação de compra, o comprador deve estar muito atento para a importância dos saldos de participação societária, uma vez que esses ativos, mesmo de valores insignificantes, podem ser responsáveis por parcelas significativas do fluxo das operações da empresa a ser adquirida, tais como: fornecimento exclusivo de matérias-primas básicas, serviços de transporte na distribuição de produtos acabados, comercialização final dos produtos acabados etc. Nessas condições, o comprador precisa certificar-se de que a empresa a ser adquirida detém, efetivamente, o controle das empresas investidas e de que tais empresas têm razoável histórico de lucratividade, adequado quadro de profissionais em postos-chave, estão livres de ônus, contingências fiscais e trabalhistas etc. Ou seja, nesses casos, será adequado proceder a uma *due diligence* nas investidas, com os mesmos procedimentos de auditoria adotados na investidora.

O valor dos investimentos da investidora, na participação societária em controladas e coligadas será, então, determinado pela equivalência patrimonial calculada sobre os patrimônios líquidos contábeis das investidas, após ajustados como decorrência da aplicação dos necessários procedimentos de avaliação daquelas empresas.

3.4.5 Imobilizado

Os principais componentes do imobilizado referem-se a direitos que tenham por objeto bens destinados à manutenção da empresa ou exercidos com essa finalidade. Geralmente, esses bens são classificados no balanço patrimonial, como a seguir:

a. Terrenos;

b. Edifícios e construções;

c. Equipamentos e instalações;

d. Móveis e utensílios;

e. Veículos.

Os principais procedimentos de auditoria para a validação desses saldos, em uma *due diligence*, devem dar ênfase à existência física, à situação da titularidade dos bens, à existência de ônus ou gravames e ao valor de mercado, em comparação com o valor líquido contábil.

Os procedimentos de validação dos saldos do imobilizado, em uma *due diligence*, são determinados pelo julgamento do auditor. Esse julgamento deve considerar a natureza das operações da empresa sob exame, a relevância dos valores dos itens do imobilizado, a antiguidade dos bens em operação, entre outros fatores. Naturalmente os procedimentos relacionados a seguir não representam uma relação completa dos procedimentos de validação do imobilizado aplicáveis em todos os trabalhos de *due diligence*, ou seja, servem unicamente para fins ilustrativos:

a. Obter uma planilha do imobilizado na data-base da transação, indicando o custo e as depreciações acumuladas, segundo os registros contábeis. Inspecionar fisicamente os itens mais relevantes quanto a existência, condições de operacionalidade ou obsolescência e pesquisar se todas as operações relativas às adições e baixas foram adequadamente contabilizadas;

b. Indagar sobre a existência de contratos de arrendamento mercantil (*leasing*) e confirmar se foram apropriadamente refletidos no balanço patrimonial, de acordo com os pronunciamentos contábeis atuais;

c. Pesquisar sobre a existência de ônus ou gravames sobre os bens do imobilizado, mediante revisão de contratos de empréstimos e financiamentos em vigor e certidões de registros gerais de imóveis; e

d. Discutir com a administração sobre a política contábil aplicada com relação à provisão para depreciação, indagar sobre a uniformidade na aplicação de taxas e de métodos de depreciação e considerar se o imobilizado sofreu deterioração permanente de valor relevante.

Se os bens do imobilizado, em plena operação, foram adquiridos há longa data, atravessando períodos em que prevaleceu uma situação de hiperinflação, certamente os valores líquidos constantes dos livros contábeis estarão em desacordo com os valores de mercado. Provavelmente, estarão com vida útil remanescente diferente das estimativas originais de depreciação para fins contábeis. Nesses casos, será recomendável que os principais itens do imobilizado sejam reavaliados por engenheiros (peritos avaliadores), para determinar o valor atual de mercado desses bens e a possível necessidade de constituição de provisão para perdas permanentes.

3.4.6 Passivos monetários

Sob o título de passivos monetários são incluídas, entre outras, as seguintes principais obrigações exigíveis a curto e longo prazos:

a. Empréstimos e financiamentos;

b. Contas a pagar a fornecedores;

c. Adiantamento de clientes;

d. Salários e encargos sociais a pagar;

e. Impostos e contribuições a recolher.

A forma mais eficaz de confirmar a exatidão das obrigações, indicadas em (a), (b) e (c) anteriormente, é através da circularização e da conciliação dos saldos confirmados com os livros contábeis, como foi mencionado no item 3.4.1 deste capítulo. Caso não seja prática ou possível a confirmação direta, o auditor deverá proceder a exames alternativos de auditoria, tais como:

a. Revisão dos contratos de empréstimos e financiamentos em vigor, com ênfase na conferência dos juros e encargos contratuais incorridos até a data-base da transação, e confirmação de que estão apropriadamente contabilizados e registrados nas demonstrações contábeis sob exame;

b. Obter uma planilha dos saldos de fornecedores em aberto na database da transação, conforme livros contábeis; comparar a rotação dos saldos em relação a períodos anteriores e confirmar a liquidação ocorrida no período subsequente; e

c. Indagar se os saldos estão conciliados com os extratos dos credores, atentando para o caso de existir possibilidade de haver passivos relevantes não registrados.

A validação dos saldos de passivos monetários decorrentes de provisões para impostos e encargos sociais, como foi indicado nos itens (d) e (e) anteriores, é feita através do exame da liquidação ocorrida no período subsequente, além da revisão da memória dos cálculos que originaram os valores provisionados na data-base da transação. Adicionalmente, com o objetivo de confirmar a razoabilidade, os saldos dessa natureza devem ser comparados aos saldos de contas similares de períodos anteriores, atentando para os métodos e critérios adotados para a determinação das despesas provisionadas na data-base e em períodos anteriores.

Como resultado dos exames de validação dos saldos de passivos monetários em uma *due diligence*, geralmente é identificada a necessidade de reclassificação de parcelas vencíveis a curto prazo apresentadas no grupo de contas a pagar a longo prazo, no balanço patrimonial levantado na data-base da transação, distorcendo a posição de liquidez da empresa ofertada para venda. A validação dos saldos de passivos monetários pode, também, identificar a necessidade de provisões adicionais ou a reversão de parcelas provisionadas a maior, na data-base da transação. Nesses casos, o auditor recomendará ajustes ao patrimônio líquido contábil para corrigir os passivos monetários apresentados no balanço patrimonial levantado na data-base da transação.

3.4.7 Pesquisa sobre contingências passivas e eventos subsequentes

Uma perda contingente pode configurar-se como a possibilidade de perda de um ativo ou a assunção de uma obrigação por parte da empresa. São exemplos de contingências não contabilizadas:

a. Valor dos processos cíveis e trabalhistas em andamento;

b. Contingências de natureza fiscal relacionadas a práticas fiscais realizadas em desacordo com a legislação tributária em vigor;

c. Prováveis indenizações contratuais; e

d. Devedores duvidosos.

A literatura contábil internacional e a brasileira tratam a classificação das contingências de forma bastante semelhante, considerando as probabilidades de ocorrência nos níveis "prováveis", "possíveis" ou "remotas". Em uma *due diligence*, uma provisão para contingências deve ser constituída e detalhadamente divulgada sempre que houver necessidade de dar cobertura a perdas ou despesas, cujo fato gerador já ocorreu, não tendo havido, ainda, o correspondente desembolso ou a efetiva perda. Em uma *due diligence*, as contingências conhecidas, classificadas como prováveis ou possíveis, devem ser reportadas, mesmo nos casos em que o valor não for facilmente mensurável.

Para classificar a probabilidade de ocorrência de uma contingência decorrente de processos em andamento, de natureza fiscal, trabalhista ou cível, o auditor se vale do julgamento profissional dos advogados que administram as causas. A estimativa dos valores de uma contingência conta, naturalmente, com certa dose de subjetividade, por depender de opiniões de terceiros e experiências prévias sobre o tema.

A pesquisa sobre contingências inclui a solicitação de representação dos assessores jurídicos da administração, com a indicação do nível de probabilidade de ocorrência, e a obtenção de certidões negativas nas principais fontes a seguir:

a. Débitos fiscais federais, estaduais e municipais;

b. Previdência Social – INSS;

c. Fundo de Garantia por Tempo de Serviço – FGTS; e

d. Ofícios de registro de distribuição.

Mesmo que tenha ocorrido após a data-base da transação ("eventos subsequentes"), o evento deve ser quantificado e divulgado no relatório de uma *due diligence*, caso esse evento coloque em risco ativos ou indique a existência de obrigações naquela data. Para exemplificar eventos subsequentes com efeito retroativo à data-base da transação podemos citar:

a. Ocorrência de incêndio nas instalações de uma empresa, havendo perda de parte significativa de seu parque industrial;

b. Contas a receber de clientes que se tornaram insolventes no período subsequente;

c. Aplicações financeiras mantidas em instituições financeiras que tiveram falência decretada no período subsequente; e

d. Processos que foram concluídos no período subsequente de forma desfavorável à empresa.

Os auditores devem tratar as contingências passivas e os eventos subsequentes à data-base da transação de forma especialmente rigorosa, uma vez que em uma negociação do controle de uma empresa é fundamental informar aos *players* os impactos que tais temas podem ter sobre a rentabilidade futura da empresa, seu fluxo de caixa e a capacidade de remuneração do investimento que se pretende fazer.

3.4.8 Patrimônio líquido contábil

O patrimônio líquido, pertencente aos acionistas ou sócios da empresa, é representado pela diferença entre o valor total do ativo e o total das obrigações, apurados em determinada data-base. Em outros termos, o patrimônio líquido contábil de uma empresa é constituído pelos saldos das contas de capital, reservas de capital e as reservas de lucros.

O capital social é uma figura mais jurídica que econômica, uma vez que inclui o investimento dos acionistas, em bens ou espécie, e as parcelas de lucros não distribuídos, cuja incorporação ao capital social foi formalizada através de renúncia, pelos proprietários, à sua distribuição.

As reservas de capital são representadas por valores recebidos pela empresa, sem que houvesse a efetiva prestação de serviços ou entrega de bens. Dessa forma, os valores recebidos, que constituem as reservas de capital, não transitaram pelo resultado do exercício, como receitas.

As reservas de lucros são constituídas anualmente pela apropriação dos lucros da empresa, após a definição da parcela a ser paga aos sócios ou acionistas a título de dividendos. Em uma *due diligence*, o saldo das reservas de lucros poderá se tornar interessante, uma vez que o valor dessas reservas poderá vir a ser disponível para distribuição futura, sob a forma de dividendos, capitalização ou outras distribuições.

Em uma *due diligence*, a revisão dos livros societários, o exame da titularidade das ações ou quotas a serem transferidas e a confirmação da efetiva disponibilidade das ações ou quotas e seus correspondentes direitos de voto são, por sua natureza, feitos, comumente, pelos assessores jurídicos dos *players*.

De acordo com as normas contábeis atuais, os ativos intangíveis passaram a ser registrados diretamente à despesa do exercício quando incorridos, e a contabilização da reavaliação de bens do ativo imobilizado não é mais permitida.

3.5 CONTEÚDO DO RELATÓRIO DO AUDITOR

Como foi mencionado anteriormente neste capítulo, uma *due diligence* contábil compreende a aplicação de procedimentos de auditoria pré-acordados, os quais são detalhadamente descritos na carta-proposta do auditor. No relatório final de uma *due diligence*, esses procedimentos devem ser resumidos, quanto à sua natureza e extensão, e elaborado um sumário executivo contendo as principais descobertas do auditor, suas observações e conclusões decorrentes da aplicação dos procedimentos pré-acordados. O sumário executivo deve incluir, também, orientação ao leitor sobre a forma como o relatório está estruturado para permitir ao usuário uma avaliação apropriada das informações e conclusões reportadas.

Além das demonstrações contábeis relativas à data-base da transação, o relatório final deve incluir demonstrações contábeis comparativas, de preferência auditadas, que permitam ao comprador conhecer o desempenho econômico e financeiro da empresa nos últimos dois a cinco exercícios sociais. Adicionalmente, é conveniente que sejam elaboradas demonstrações dos fluxos de caixa de todos os exercícios e períodos para os quais são apresentadas demonstrações contábeis. Essas demonstrações devem conciliar o lucro líquido de cada período com o fluxo de caixa operacional líquido da empresa.

Os ajustes ao patrimônio líquido contábil, apontados pelo auditor no decorrer dos trabalhos de campo, devem ser resumidos no sumário executivo do relatório final. Esses ajustes líquidos dos efeitos fiscais devem ser apresentados como aumento ou redução do patrimônio líquido registrado nos livros oficiais da empresa, na data-base da transação, e descritos de forma resumida. A memória dos cálculos dos ajustes e outras informações pertinentes serão incluídas em seções em separado, para evitar que o excessivo detalhamento venha a prejudicar a compreensão do relatório por parte do usuário.

Além dos ajustes apontados, deverão ser apresentados, em outras seções do relatório final, os detalhes dos litígios identificados e avaliados em conjunto com os advogados da empresa, os critérios para as estimativas de ativos e passivos contingentes, os eventuais problemas de titularidade, as possíveis restrições sobre as futuras negociações de ativos etc.

Outras informações suplementares de interesse do potencial comprador poderão ser apresentadas pelo auditor em seções ou anexos ao relatório final, tais como:

a. Existência de transação significativa com partes relacionadas e seus efeitos econômico-financeiros;

b. Análise da situação do fundo de pensão dos empregados;

c. Detalhamento dos sistemas de informações gerenciais;

d. Avaliação dos controles internos;

e. Situação da cobertura de seguros em vigor;

f. Identificação dos riscos existentes relacionados com passivos ambientais e com custos estimados para a eliminação; e

g. Análise dos currículos dos dirigentes e funcionários que ocupam postos-chave.

As informações suplementares citadas anteriormente demonstram a variedade de trabalhos que podem ser desenvolvidos em uma *due diligence* quando solicitados ao auditor ou outros especialistas envolvidos nos serviços contratados. Em cada caso serão consideradas a abrangência e a extensão dos exames necessários para atender aos objetivos estabelecidos pelo contratante.

4

As exigências e os cuidados jurídicos

João Luiz Coelho da Rocha

4.1 INTRODUÇÃO

Todos nós temos o conhecimento do princípio básico da compra e venda de que o vendedor quer receber seu pagamento à vista ou ter a garantia do recebimento do preço combinado a prazo. Adicionalmente, à parte seus direitos creditícios derivados da venda, o vendedor muitas vezes fica limitado obrigacionalmente em suas atividades futuras, pois que frequentemente o comprador exige uma cláusula de não concorrência, restringindo-se, por certo período de tempo, todas as atividades do vendedor análogas àquelas da empresa vendida.

Se o preço não for pago à vista, naturalmente que ao vendedor cabe a adoção contratual das cautelas jurídicas que asseguram tais pagamentos dilargados no tempo: garantias fiduciárias por parte dos acionistas/cotistas controladores do comprador ou de empresas sólidas a ele ligadas, garantias reais eficazes, como caução de recebíveis, hipotecas de imóveis ou as mais modernas garantias da propriedade fiduciária, que não sofrem os efeitos limitadores da eventual falência do comprador, e são executáveis extrajudicialmente.

Agora, se o vendedor conserva parcela das ações/cotas da sociedade e não deseja se limitar a ser um mero investidor minoritário, é caso de Acordo de Acionistas ou de Cotistas, em que sejam estabelecidos direitos políticos (de voto, de controle partilhado, de fiscalização mais próxima) ou econômicos (participação especial nos dividendos etc.).

Cabe, no mais, ao comprador, o cuidado necessário para confirmar se o que ele está adquirindo está em conformidade geral com o que se prometeu, quanto à quantidade, à qualidade, à validade e às demais especificações da venda. Nesses aspectos se inclui a verificação dos documentos legais que registram a compra e venda, e se os títulos de propriedade que estão sendo adquiridos (ações cotas) podem ser transferidos sem problemas, inclusive quanto à sua eficácia perante terceiros.

Esse princípio tem entendimento intuitivo no caso de venda de bens móveis, por exemplo, mercadorias mais simples (mesmo que sejam máquinas sofisticadas) quanto a sua propriedade, e cuja entrega direta já representa garantia de posse e domínio do bem pelo novo proprietário (por exemplo, a compra de uma geladeira ou televisão, cujos documentos principais seriam a nota fiscal de venda e o manual de garantia). Mesmo nesse exemplo corriqueiro, seria necessário pesquisar se existem direitos relacionados com o bem, como o penhor (caso em que o bem tenha sido dado em garantia) ou alienação fiduciária que vincularia o efetivo domínio sobre bem ao pagamento correto das parcelas do preço.

A transação pode demandar ainda maiores cuidados em se tratando de bens imóveis (casas, apartamentos, terrenos) e mesmo de alguns bens móveis (carros, barcos, aviões etc.), mas cuja propriedade só é realmente transferida mediante registro de venda em órgãos públicos especializados. Aqui há que se ter grande cuidado com sua titulação e com eventuais dívidas pendentes que podem recair sobre aquela propriedade.

Os exemplos mais comuns são os imóveis hipotecados (que geralmente estão garantindo a negociação de sua compra anterior pelo atual vendedor), os sujeitos à garantia fiduciária, a anticrese, ou ainda aqueles cujos proprietários são devedores de impostos territoriais (Imposto Predial e Territorial Urbano — IPTU), condomínio e outras taxas ou tarifas (obrigações de pagamento chamadas de "reais", ou seja, que "grudam" no imóvel e são exigíveis de seu novo proprietário) ou se tais bens são objeto de algum processo de inventário ou de outra natureza, mesmo penhoras ou arrestos em ações cíveis e fiscais.

Lamentavelmente, para nosso leitor interessado em comprar e vender uma empresa, tudo se torna mais complicado quando vamos transacionar essa entidade chamada empresa.

Aqui vamos tratar de uma maior complexidade de direitos, como no caso das pessoas jurídicas, um conjunto de ativos (bens imóveis, móveis, direitos industriais, autorais, créditos etc.) e um conjunto de passivos (débitos, obrigações de pagamento pendentes, responsabilidade oculta etc.). Tais razões conduzem à importante função do advogado, tanto do comprador como do vendedor, na análise e no exame cuidadoso necessário e abrangente de todo esse universo pertinente à empresa a ser transacionada.

Essa função passa a se chamar *due diligence* jurídica, expressão que poderia ser traduzida como verificação ampla e providências específicas quanto a haveres e débitos nos diversos aspectos que uma empresa engloba, estejam suas "posições" credoras e devedoras bem explícitas ou ocultas, de forma intencional ou não.

Ao advogado cabe conferir se todos os ativos, bens e direitos que integram a empresa a ser adquirida estão bem assentados em seus títulos, e verificar todo e qualquer problema ou questão que poderá estar pendente em relação àqueles títulos de propriedade. Imóveis, direitos de propriedade industrial, direitos autorais, direitos reais sobre bens alheios, opções e compromissos, créditos são uma universalidade, um conjunto de ativos de uma empresa, e sobre eles, afetados na sua validade e seu dimensionamento, muitas vezes temos fenômenos jurídicos pendentes, como ações judiciais, penhoras, dúvidas e problemas de registro etc.

Cabe ainda a ele, assessorando o seu cliente comprador, fazer uma espécie de diagnóstico completo de todas as dívidas que a empresa tenha pendentes, inclusive uma análise mais ampla das chamadas "dívidas potenciais", isto é, aquelas que, não sendo ainda exigíveis, possam ser consideradas mais ou menos prováveis em função das responsabilidades correntes e futuras da empresa.

Aqui podemos estar tratando de eventuais débitos tributários (incluindo os previdenciários) ainda não cobrados ou não inscritos pelo credor público, relacionados com fatos passados cujas consequências vão depender da interpretação do Fisco ou do Judiciário.

Também aqui podemos lidar com relações trabalhistas já encerradas em um passado próximo e cujas características no ato de encerramento — rescisão do contrato de trabalho, demissão — podem, dentro do prazo legal, acarretar reclamações pelo empregado e que poderão causar ônus de pagamentos extras à empresa.

De igual modo, dependendo da natureza das atividades da empresa, deve ser feita uma pesquisa tão aprofundada quanto possível sobre eventuais fatos passados que tenham dado margem ou apresentam condições de provocar responsabilidades ambientais futuras, cujo trato é muito rigoroso nas leis brasileiras.

E se a empresa negociada tem em seu objeto vendas de produtos e/ou serviços ao público consumidor, há que se checar a potencialidade de obrigações descumpridas ainda pendentes com igual responsabilização rigorosa na nova ordem jurídica.

Ainda essa matéria da responsabilidade trabalhista encontra um tratamento tão extensivo na ordem jurídica brasileira que o adquirente de uma empresa deve sempre levar em conta o fenômeno do "grupo empresarial", instituto desenvolvido pela justiça laboral no país (com base em disposição principiológica da CLT) pelo qual débitos não pagos pela devedora/empregadora seriam imputáveis a outras empresas a ela coligadas ou por ela controladas.

Essa possibilidade apresenta, pois, ao comprador, a necessidade de uma análise do campo de responsabilização trabalhista existente e acaso pendente nas empresas que tenham aqueles vínculos com a vendedora, pois a satisfação de tais débitos pode acabar por cair nas costas da sociedade a ser adquirida.

4.2 A VALIDADE DOS TÍTULOS REPRESENTATIVOS DE CAPITAL

Numa primeira aproximação, cabe ao advogado que estará atuando na *due diligence* examinar toda a titularidade ativa da pessoa jurídica a ser transacionada, ou seja, em nome de quem e como estão as cotas ou ações em que se divide o capital da empresa.

No estágio inicial, será necessário verificar, na documentação interna da empresa, a efetiva propriedade das ações ou cotas de uma empresa formada por ações, o livro de registro das ações, o livro de transferência e, nas companhias limitadas, os contratos sociais, a evolução de suas alterações e instrumentos de cessão de cotas.

Cabe, tratando-se de sociedade anônima, a análise da natureza de ações preferenciais acaso existentes, e seus direitos específicos, bem como a verificação da existência de partes beneficiárias de títulos que asseguram parcela de lucros a seus detentores, ou ainda de bônus de subscrição, cujos detentores têm direito de subscrição de ações da empresa.

Também é de aviso verificar nos livros e nas atas da sociedade se há debêntures emitidas, e quais suas condições de resgate e de direitos a seus detentores, assim como se há entre essas obrigações títulos conversíveis em ações, pela repercussão óbvia que isso pode ter na estrutura e no controle acionários.

Ainda quanto à efetiva disponibilidade das ações ou cotas, e dos direitos sociais a elas concernentes, há necessidade de se analisar nos registros próprios (Junta Comercial, Cartório de Registro de Pessoas Jurídicas e Cartórios de Títulos e Documentos), e nos livros sociais, a eventual existência de acordos de acionistas ou cotistas, que, se existirem, poderão restringir ou ampliar os direitos de voto e mesmo direitos outros, tais como de dividendos, de retirada etc.

Portanto, é preciso garantir que essas ações ou cotas a serem de fato adquiridas representem a parcela da empresa que esperamos transacionar e se elas estão vinculadas a outros compromissos específicos, além do esperado habitualmente, e do que foi informado nos contatos iniciais entre comprador e vendedor.

Naturalmente, ao adquirir as ações ou cotas que lhe darão controle total ou parcial da sociedade, o comprador precisa sempre verificar se tais parcelas de capital dispõem, nos estatutos ou nos contratos sociais, de livre poder de voto, que ao fim seria a medida efetiva do controle da empresa.

4.3 EXAME DOS BENS E DIREITOS DA SOCIEDADE DE UMA EMPRESA (OS ATIVOS)

Evidentemente, há que se conferir, nos documentos societários, no estatuto e no contrato social, a existência e as condições de direito de preferência conferidos aos demais acionistas/sócios na presente venda de ações, assim como vai se considerar a preferência genérica conferida em lei. Tudo isso para se concluir se o lote de ações/cotas a ser alienado realmente será liberado para venda.

Quanto aos imóveis da empresa, cabe verificar se a documentação nos registros cartorários garante de fato sua propriedade e posse, cuidando-se de sua regularidade registral confrontada com os proprietários, precedentes e verificando-se a frequente questão da vinculação a uma garantia de pagamento acaso existente (hipoteca e, hoje, até alienação fiduciária), podendo-se ali verificar o histórico da propriedade ao longo dos anos, o que pode trazer diversas informações úteis ao processo de investigação.

No caso de bens móveis que demandam registros específicos (automóveis, embarcações, aviões etc.), a verificação nos cartórios competentes é essencial para provar o efetivo domínio e eventuais ônus (penhor, alienação fiduciária etc.) limitando ou restringindo o uso dos bens.

Outras propriedades e direitos devem também ser objeto de exame cuidadoso: os direitos intelectuais, quando industriais (marcas, patentes etc.), têm registro próprio no Instituto Nacional da Propriedade Industrial (INPI), e deve ser verificada sua titularidade, e bens como os embargos e as oposições acaso a eles imputados. O valor gigantesco de certas marcas como Coca-Cola ou Microsoft, por exemplo, que representam talvez o maior ativo de suas empresas, é de conhecimento geral. E, recentemente, os nomes de domínio na esfera da Internet também assumiram o papel de ativos com relevância econômica maior ou menor, dependendo do caso.

Mesmo no campo comum da maioria das sociedades de médio porte, tantas marcas simples ou mistas (nome e figuração) têm considerável valor ao se aferir o negócio a ser comprado. Em outros casos mais específicos nas áreas químicas, farmacêutica e de engenharia há patentes ou privilégios de invenção que apresentam elevado valor de mercado. Quando se trata de direitos autorais, igualmente estão envolvidos o registro e as anotações na Biblioteca Nacional e/ou órgão dela sucessor nessa capacidade (propriedade ligada à informática), dependendo do tipo de direito, o que permite a conferência de sua regularidade.

Há, é verdade, uma parcela de direitos de propriedade industrial, tais como conhecimentos tecnológicos, não registráveis sob patente, ou sob qualquer outra forma, e que são corporificados em documentos e arquivos de computador. Nesse ponto, o cuidado consistirá em fiscalizar e exigir alguma garantia do vendedor quanto a ocasionais quebras de sigilos e à concorrência desleal por terceiros, e que redundem em perda de valor para a tecnologia adquirida.

Pode-se, por exemplo, estipular a retenção de parcela do preço ou a garantia específica de penhor ou, ainda, hipoteca, pelo vendedor, até que algum tempo razoável decorra a partir da operação da empresa sob a nova direção. Isso se dá para que o comprador possa verificar, com efeitos práticos, se terá surgido algum concorrente valendo-se de cópia da tecnologia para concorrer deslealmente. E, claro, imputando-se ao vendedor os encargos e os ônus de ações judiciais contra os eventuais concorrentes ilícitos.

Em certos casos, dependendo das atividades da empresa a ser adquirida, determinados ativos têm um papel especial. É o caso de empresas que praticam atividades reguladas ou sujeitas a licenciamento, tal como nas áreas da saúde, da educação, da mineração, dos transportes, da geração, transmissão ou distribuição elétrica etc.

Nessa circunstância, a existência dos documentos licenciatórios devidamente corretos e atualizados é de evidente necessidade, demandando uma tarefa específica de checagem pelo advogado do comprador.

As concessões, permissões ou autorizações cabíveis, conforme cada caso, à empresa em foco e originária da Agência Nacional de Energia Elétrica (Aneel), Agência Nacional de Telecomunicações (Anatel), Agência Nacional do Petróleo, Gás Natural e Biocombustíveis (ANP) e Agência Nacional de Vigilância Sanitária (Anvisa) são requisitos essenciais a se verificar quanto à sua efetiva existência, à sua validade, à sua duração ou termo e às suas eventuais condições de eficácia. Entre tais condições estarão as compulsórias aprovações prévias pelo órgão regulador à transferência de controle da concessionária, como exigido pela lei própria.

Nem seria preciso mencionar o valor próprio desses intangíveis especiais, mas sim considerar que eles são pré-requisitos para a própria validade das operações da empresa em foco.

Os créditos da empresa deverão ter suporte documental adequado (contratos, duplicatas, promissórias, conhecimentos de depósito, debêntures etc.) que demonstrem sua real exigibilidade e condições e permitam a análise de sua liquidez e segurança.

Nesse ponto o trabalho do advogado está bastante vinculado ao do contador ou do auditor, o qual poderá verificar, por exemplo, se as duplicatas provenientes da venda de mercadorias estão aceitas pelos compradores, se há regularidade nas vendas, e até mesmo verificar o histórico recente de pontualidade de pagamentos, e os casos pendentes de solução que poderão afetar o equilíbrio econômico-financeiro de sua operação.

As duplicatas de venda, por exemplo, devem ser confirmadas quanto ao vínculo com o negócio de origem, se as mercadorias foram entregues a tempo e nas quantidades e especificações combinadas, para que de fato se possa configurar numa expectativa de recebimento permitindo título executório do valor envolvido, e inclusive, como mencionamos, se há histórico de regularidade nas transações anteriores.

Muitas empresas possuem como ativos participação em capital de outras sociedades, o que vai demandar a verificação de sua existência, a aferição de seu potencial de geração de lucros, via dividendos futuros, ou mesmo via reembolso de capital.

E, por certo, a verificação da livre propriedade dessas ações ou cotas de empresas detidas no todo ou em parte pela sociedade transacionada há que ser verificada, bem como a inexistência de ônus ou limitações sobre elas.

Deve-se ainda examinar a existência de outros créditos indenizatórios, a receber ou desconhecidos no momento da compra e venda da empresa, nos quais haja direitos que devam ser levados em conta.

Finalmente, na verificação dos ativos da empresa, não se pode descartar eventuais fundos de comércio, ou *going on business*, o velho aviamento da tradição portuguesa que quantifica certos pontos comerciais da empresa.

Uma loja que não seja propriedade da vendedora, mas que com ela tenha contrato de locação, com proteção de fundo de comércio (prazo de locação de cinco ou mais anos), quase sempre representa um patrimônio imaterial, pois a lei assegura ao locatário a renovação automática e permanente da locação, salvo casos especiais de retomada pelo locador.

Ora, aquele direito do locatário de ali permanecer, garantindo seu ponto de venda, assegurando à sua clientela a fixação desse ponto conhecido, tem certo valor, não desprezível no circuito econômico (cerca de 24 vezes o valor corrente ou dois anos do mesmo).

Mas sempre é preciso verificar se esse fundo de comércio integrado à locação está mantido, em função das exigências feitas na lei das locações, a exemplo da propositura da ação renovatória no prazo legal, com seus requisitos formais.

Mesmo na compra do estabelecimento da empresa (loja, fábrica, suas instalações, estoques, móveis etc.), quando não se adquirem as ações ou cotas da sociedade, é imprescindível levar em consideração que diversas responsabilidades sobre atos do proprietário anterior se transmitem ao novo proprietário; essa questão foi objeto de decisão do STJ, de 26/04/2005, da 1.ª Turma, no D.J. 06/06/2005, p. 214:

"I – O art. 133, do CTN, responsabiliza integralmente o adquirente do comércio pelos débitos tributários contraídos pela empresa até a data da sucessão quando o alienante cessar a exploração do comércio, indústria ou atividade.

II – Comprovada a alienação do fundo de comércio, a execução deverá ser dirigida primeiramente ao sucessor deste."

Por esse motivo, é indispensável que o advogado, ao preparar o acordo de compra e venda, nas duas hipóteses de transmissão (venda de ativos ou venda de ações ou quotas), prepare uma cláusula que estabeleça entre o comprador e o vendedor os limites de suas responsabilidades, já que, perante as autoridades tributárias, o novo proprietário se torna responsável, o que em geral poderá não ser aceitável pelo comprador.

Nesse caso, o comprador poderá estabelecer limites para a transação, ou seja, reter parte do preço combinado até que transcorra determinado prazo de prescrição dos impostos.

Como ainda vamos tratar de prazos às vezes bem longos, em lugar da parcela retida do preço pode-se negociar um penhor ou hipoteca concedidos pelo vendedor; ou até um seguro próprio cobrindo qualquer ônus daquela natureza, de responsabilidade da vendedora, e que venha a aparecer depois da aquisição.

Há casos em que, por cláusulas do contrato de venda, se prevê que tal garantia fique criada. Entretanto, sua eficácia fica condicionada à propositura, pelo Fisco ou pelo Instituto Nacional do Seguro Social (INSS), de execução contra a empresa comprada (sob novo controle), cabendo aos vendedores proceder à defesa e custeá-la; no caso de derrota, cabe aos mesmos suportar o custo total do débito, a garantia vigorando para assegurar tal pagamento.

Há também, com frequência, um acordo segundo o qual as responsabilidades se limitam a determinado percentual do preço de venda ou em um prazo em que poderão surgir as contingências citadas. Uma forma de atenuar a responsabilidade de o antigo proprietário admitir, no âmbito particular, que as dívidas do passado sejam descontadas do valor a ser recebido no futuro é permitir que o antigo proprietário tenha o direito de se defender de contingências futuras, antes que ela assuma a obrigação indiscutível de pagar, e sempre deferindo ao vendedor o custo real de tal defesa.

Uma das formas de modular e controlar esse problema de débitos futuros da empresa assentados em fatos geradores passados (ocorridos antes da venda) é a criação de uma conta gráfica na qual se lançam os valores efetivos desses débitos pendentes, a serem abatidos de parcelas retidas do preço à medida que identificados e verificados em sua real exigência.

Se a fundamentação do preço da compra e venda tiver sido baseada no método de avaliação do desconto do fluxo de caixa futuro, o comprador deverá, antes de confirmar a transação, fazer uma extensa e profunda verificação dos resultados passados da empresa nos quais se basearam as previsões. Em geral, esse levantamento estará a cargo de contador ou auditor com a devida capacidade técnica.

Contudo, no momento de avaliar, de pesquisar juridicamente o status econômico da empresa a ser adquirida, deve-se ter em conta algumas anotações:

- Alguns ativos intangíveis, como o fundo de comércio, a rigor não integram as demonstrações financeiras;

- Podem vir a ocorrer certos acréscimos (indenizatórios ou outros ganhos litigiosos etc.), não espelhados na contabilidade.

4.4 A ANÁLISE DOS PASSIVOS

Se a verificação e a conferência dos ativos da empresa em negociação são obrigatórias para o comprador, não menos importante é o raio X completo dos passivos da empresa.

Quanto ao passivo, podem surgir surpresas de toda ordem (previdenciárias, fiscais, trabalhistas etc.) desconhecidas no ato da transação, tanto pelo vendedor como pelo comprador da empresa.

Na pesquisa do endividamento da sociedade, deve-se verificar a existência de algum gravame que acaso recaia sobre as próprias ações ou cotas a serem adquiridas, não necessariamente contidas em acordo societário de acionistas, de cotistas, nem constantes dos livros sociais que já serão objetos de exame.

Esse ônus, se existente, só poderá ser cobrado do comprador se estiverem registrados nos livros sociais (condição legal para que causem efeitos perante terceiros), embora sua existência possa sempre acarretar débitos indenizatórios ao vendedor.

Aqui cabe ressaltar a rigorosidade com que a ordem jurídica brasileira trata dessa extensão ao sucessor dos ônus e dívidas embutidos na empresa comprada. No Recurso Especial nº 554377/SC, julgado em 04/10/2005, a 1.ª Turma do STJ unanimemente declarou:

"Os art. 132 e 133 do CTN impõem ao sucessor a responsabilidade integral, tanto pelos eventuais tributos devidos quanto pela multa decorrente, seja ela de caráter moratório ou punitivo. A multa aplicada antes da sucessão se incorpora ao patrimônio do contribuinte, podendo ser exigida do sucessor, sendo que, em qualquer hipótese, o sucedido permanece como responsável. É devida, pois, a multa, sem se fazer distinção se é de caráter moratório ou punitivo; é ela imposição decorrente do não pagamento do tributo na época do vencimento."

No recurso especial n. 613606/RS, julgado em 21/06/2005, a 2.ª Turma do STJ também decidiu:

"O art. 133 do CTN impõe ao sucessor a responsabilidade integral, tanto pelos eventuais tributos devidos quanto pela multa decorrente, seja ela de caráter moratório ou punitivo. A multa aplicada antes da sucessão incorpora-se a patrimônio do contribuinte, podendo ser exigida do sucessor, sendo que, em qualquer hipótese, o sucedido permanece como responsável."

Posteriormente, o comprador deverá dedicar-se, juntamente com o seu advogado e contador, a um exame do tipo "pente-fino" de todos os débitos já identificados da sociedade. Porém, sempre deverá ter em mira sua gradação decrescente de importância, no tocante à proteção legal extensiva: trabalhistas, FGTS, previdenciários, tributários, suportados com garantias em direitos (hipoteca, penhora, alienação fiduciária) e os demais.

A identificação efetiva desses ônus já aparece parcialmente no levantamento de certidões que conferem o ajuizamento de ações. Aparece ainda nas certidões administrativas que registram dívidas já lançadas pelo poder público (INSS, Fazenda Federal, Estadual e Municipal, FGTS etc.) mesmo se ainda não cobradas em juízo.

Anote-se aqui que o crescente uso de processos de arbitragem, em vez de judiciais para resolução de vários tipos de questão, apresenta alguma dificuldade, na verificação de sua existência pendente, pois que não há controle de registro de processos de arbitramento.

Nesse particular, o comprador terá que demandar um compromisso *bona fide* do vendedor, sobre a inexistência de arbitragens correntes, ou, se existir alguma, o pleno *disclosure* de suas condições.

Para além disso, não se deve desprezar o exame criterioso da documentação interna da sociedade (seus livros comerciais, fiscais, contratos, contas bancárias, aplicações financeiras etc.) que darão conta, num exame cuidadoso e perito, da proximidade, da iminência ou da probabilidade maior ou menor de novos débitos aparecerem e serem cobrados do sucessor, em função de fatos geradores até aquela data ocorridos.

Cabe ainda ao advogado levar em conta o conjunto de responsabilidades potencialmente emergentes que não têm origem em atos fora da normalidade da empresa, mas que decorrem do próprio risco de atividades desenvolvidas pela empresa adquirida. Também não devem ser esquecidas as rigorosas possibilidades indenizatórias causadas pelo Código de Defesa do Consumidor, nas relações com os clientes, além das responsabilidades pelas questões ligadas ao meio ambiente.

Para ser criterioso, o advogado do comprador precisa levar em conta as chamadas responsabilidades trabalhistas extensivas ao "grupo econômico". Isso significa, no caso de empresa com subsidiárias, controladora ou coligadas, atribuir maior abrangência no caso das contingências laborais, já que a Justiça do Trabalho sabidamente imputa obrigação de pagamento de suas verbas condenatórias a empresas "do mesmo grupo", segundo o conceito anterior, caso a empresa reclamada não tenha meios de pagamento.

4.5 COMPRA OU SUCESSÃO DE ATIVO

Se a transação envolver parte de seu ativo (por cisão da adquirida, ou simples venda de bens e direitos por parte dela) e não a compra de ações ou cotas da sociedade, cuidando também da análise de todo esse quadro passivo como, aliás, já se viu aqui anteriormente, isso ocorre porque, quer a legislação trabalhista, quer a previdenciária, quer a fiscal, traçam linhas de responsabilidade do adquirente, além de os direitos de credores outros se oporem a tal venda, nos termos da Lei das Companhias.

Muito cuidado se deve ter nessas operações em que não há compra de empresa e, pois, se pretende, por meio contratual, estabelecer uma barreira, um limite às responsabilidades transferidas.

Isso porque, na realidade, a Justiça constantemente define esses débitos trabalhistas, previdenciários, ambientais e originários de direitos do consumidor como não negociáveis entre as partes. Vale dizer, o que se dispõe em contrato, nesses casos, não tem valor perante o credor, o Fisco, por exemplo.

Aparecendo dívidas dessa natureza, estas serão cobradas do devedor legal — a sociedade vendida —, mas poderão eventualmente —, sobretudo se aquela empresa não tiver como pagar — ser cobradas também daquele adquirente que comprou somente o fundo de comércio, isto é, adquiriu apenas parcelas do patrimônio da sociedade.

Portanto, nesse tipo de aquisição deve-se escrutinar a parte dos ativos a serem adquiridos, mas igualmente deve-se pesquisar cuidadosamente todo o passivo da empresa, com ênfase muito especial na análise e mensuração de possíveis passivos ocultos. Isso deverá deixar bem claros quais os riscos derivados dessa sucessão ditada pela lei e que possam afetar depois o patrimônio adquirido.

4.6 O CASO DA INITIAL PUBLIC OFFER (IPO – OFERTA PÚBLICA INICIAL DE AÇÕES)

Ainda nessa tendência moderna de certas empresas, advindas, tantas vezes saneadas ou potencializadas para abertura de seu capital no mercado, é também cabível e recomendável ao investidor, sobretudo se grande investidor, como acontece com os "institucionais", uma providência prévia de boa análise ativa e passiva da sociedade ajustada, pois ali onde bancos e similares, na corretagem do negócio, apresentam um projeto com inegável objetivo arrecadatório, ao investidor cabe ter sua própria análise minuciosa das condições da empresa ofertada.

4.7 OS ACORDOS DE CONFIDENCIALIDADE

Uma criação moderna na intensa prática norte-americana, os potenciais vendedores de empresa, e mesmo seus possíveis compradores, costumam exigir um compromisso escrito e rigoroso de não divulgação de práticas e segredos comerciais da outra parte (formação de preços, fórmulas de indústria etc.), o que há de ser ajustado por motivos óbvios previamente ao início das negociações em que o *full disclousure* vai se realizar. Tais ajustes não obrigam ao fechamento do negócio, mas prevalecem em qualquer hipótese, inclusive no caso de negociação não bem-sucedida.

5

Governança Corporativa nas empresas negociadas

João Luiz Coelho da Rocha e Paulo Gurgel Valente

5.1 INTRODUÇÃO

Tem sido muito frequente nas operações de compra e venda que as empresas negociadas resultem em admissão de novos acionistas, sejam majoritários ou minoritários, desde que essas transferências não tenham sido integrais, isto é, alguns acionistas permaneçam com uma posição societária ou gerencial.

A partir dessa situação, muito antes de a transação ser concluída, é indispensável regular como será a convivência entre os novos acionistas e os antigos, em todos os detalhes do funcionamento da empresa.

Diversos aspectos que eram decididos na situação anterior de Governança Corporativa, isto é, antes da conclusão da operação de compra e venda, na qual os controladores possuíam regras de decisões previamente estabelecidas, ou mesmo na falta delas — situação na qual os entendimentos entre os controladores e administradores eram facilitados pelo fato de essas pessoas serem as mesmas — na nova situação precisam ser revistos e devidamente previstos, estando sujeitas a rodadas de negociações e à adequada fundamentação perante a legislação atual.

Dessa forma, gostaríamos de mencionar neste capítulo as situações mais características que deverão ser objeto de negociação entre os sócios atuais e os novos de uma empresa que esteja atravessando um processo de compra e venda.

Outro ponto que merece destaque refere-se às normas às quais a sociedade irá se submeter. Caso seja uma sociedade anônima, prevalecerá a incidência dos dispositivos da Lei nº 6.404/64 (Lei das S/A). Subsidiariamente, a sociedade anônima poderá adotar, como forma de regulação, normas societárias hoje contidas no Código Civil. Na hipótese de limitada, incidirão os dispositivos previstos na Lei nº 10.406/2002 (Código Civil). Poderá ainda a sociedade limitada optar pela regulação subsidiária dos dispositivos da Lei das S/A, caso seja previsto em seu contrato social. Na ausência dessa informação no contrato, serão aplicadas subsidiariamente as regras do Código Civil sobre sociedades simples.

5.2 GOVERNANÇA CORPORATIVA

a. Conceito

A Governança Corporativa pode ser entendida como o conjunto de políticas, costumes, instituições e leis que devem incidir de forma estruturada na administração de uma empresa. Também pode ser compreendida como a teia de relações entre os indivíduos inseridos na administração da empresa, tais como sócios, diretores, gerentes, conselheiros, credores, clientes e trabalhadores da própria organização.

A Governança Corporativa de uma empresa estabelece uma estrutura institucional pela qual as partes envolvidas no destino da empresa podem, em alguma medida, discutir esse destino, os meios de realizá-lo e os instrumentos de controle de desvios do destino almejado.

Além de reduzir conflitos e tensões organizacionais e societárias, uma boa estrutura de governança fornece os incentivos adequados para que todas as partes, principalmente a sua direção, adotem decisões que gerem o maior resultado possível para a empresa. Assim acontecendo, sua lucratividade e seu potencial de crescimento aumentam, tornando a empresa atraente para potenciais interessados, que buscam sempre bons retornos para seu capital, além de aumentar a credibilidade da empresa no mercado como um todo, reduzindo o custo do crédito para a companhia, aumentando novamente seus lucros e gerando um círculo virtuoso de crescimento e valorização.

Entre os principais objetivos da Governança Corporativa estão:

- a busca na eficiência econômica e financeira da organização, com ênfase na maximização do proveito dos acionistas;

- o desenvolvimento sustentável da companhia;

- a padronização e o monitoramento dos processos internos;

- a garantia da confiança nessa companhia;

- o alinhamento do comportamento dos executivos com os interesses dos acionistas, envolvendo grande transparência em seus atos e decisões;

- um ambiente de trabalho e produção equilibrado, gerando satisfação interna na empresa que, certamente, vai influir na sua interação com o mundo externo.

b. Critérios de sucessão na empresa familiar

Recomenda-se um "acordo de acionistas familiar" entre seus acionistas ou cotistas de modo a evitar conflitos, problemas e distorções nas hipóteses de casamentos, separações e falecimentos. A estrutura de gestão é protegida da empresa por tal acordo e pode ficar "blindada" contra os efeitos da estrutura na família de terceiros junto à empresa. Em termos claros, frequentemente a empresa tem interesse social no acionista ou cotista como sócios, mas não nos seus filhos e/ou cônjuges.

c. A constituição do Conselho de Administração ou Consultivo

Alguns aspectos precisam ser encarados como parte de uma nova postura da sociedade, como a necessidade da constituição de um Conselho de Administração ou Consultivo. As sociedades anônimas só podem optar pela constituição de um Conselho de Administração ou Consultivo.

O papel do Conselho é mais amplo do que o de simples controle financeiro e orçamentário, pois visa a proteção e a valorização do patrimônio dos sócios, bem como a busca pelo equilíbrio entre as expectativas das partes interessadas, além de uma eventual solução de conflitos societários e organizacionais. Um órgão plural qualificado é assim o ambiente propício a uma apreciação coletiva da vida corrente da empresa.

O Conselho de Administração exerce o papel dos acionistas de administrar a empresa com maior proximidade, encurtando o distanciamento e a pouca frequência das assembleias anuais, semestrais ou extraordinárias. Não obstante a constituição do Conselho ser obrigatória para companhias abertas, apresenta funções muito úteis a qualquer empresa acima de um determinado porte, seja aberta ou não.

Existem três tipos de Conselheiros, a saber: i) *internos*, aqueles que atuam diretamente na empresa, sobretudo acionistas e diretores; ii) *externos*, aqueles que não possuem ligação atual com a empresa e não são conselheiros independentes, ou seja, são indivíduos que no passado já tiveram ligações com a empresa, como ex-diretores, ex-funcionários etc.; iii) *independentes*, que são os profissionais que não possuem nenhum vínculo com a empresa, a não ser eventual participação não relevante no capital.

Ao optar por alguns ou todos os tipos de Conselheiros, é recomendável que cada tipo seja composto por pelo menos dois representantes, pois a presença de apenas um Conselheiro de determinado tipo poderá colocá-lo em situação de menor poder relativo, prejudicando o exercício de sua função.

O ideal é que o Conselho seja composto por um grupo de cinco a sete membros, eleitos para mandatos de pelo menos dois anos, sendo admitida a reeleição, e que pelo menos 20% dos membros sejam Conselheiros independentes.

Naturalmente, a escolha de um número ímpar de Conselheiros proporciona a possibilidade de desempate de votos pela maioria em questões em que não haja consenso. Outra resolução será conceder o voto de qualidade, de desempate, do presidente do Conselho.

A posição de destaque dentro do Conselho é a de seu presidente, cuja escolha pode se dar a partir de eleição entre os membros, ou até mesmo por indicação dos acionistas, sendo assim como a posição de presidente executivo da empresa, objeto de negociação entre os blocos de sócios.

Também se recomenda que as reuniões do Conselho assumam periodicidade mensal, mas, em situações críticas e urgentes, o Conselho pode se reunir semanalmente ou quinzenalmente, ou ainda permanecer atuando mediante contatos telefônicos ou eletrônicos.

Outro papel interessante para um Conselho é a presença de um Secretário Executivo, que não pode expressar opiniões nem votar, mas pode atuar junto ao Conselho na coordenação de suas atividades: redação e aprovação das atas de reuniões, elaboração da agenda da reunião, arquivamento e distribuição de toda informação pertinente ao Conselho, convocação das reuniões, e até mesmo o assessoramento junto ao Presidente do Conselho na mediação das reuniões.

Na medida da dimensão da empresa, nossa recomendação é de que o Secretário Executivo seja um profissional externo ou independente, isto é, que não faça atualmente parte da estrutura organizacional da empresa, conferindo maior profissionalismo e a garantia à confidencialidade que essa função precisa ter.

Dessa forma, não é aconselhável que um Conselheiro acumule a função de Secretário Executivo, até mesmo para que as tarefas naturais deste cargo não corram o risco de serem enviesadas, além de propiciar ao Conselheiro a dedicação exclusiva à sua função característica.

d. Acordo de cotistas ou acionistas

A elaboração do Acordo de Cotistas ou Acionistas constitui uma das etapas dentro do processo de compra e venda da empresa. Sempre que a operação não resultar na alienação de 100% das cotas ou ações da sociedade, surgirá a figura de dois blocos de sócios: bloco dos sócios originais e bloco dos sócios novos.

Evidentemente existem casos nos quais nem sempre essa "divisão" em blocos é clara e homogênea, o que também poderá influenciar a composição dos interesses entre os sócios majoritários e minoritários. Podemos imaginar, por exemplo, que um dos sócios originais não esteja satisfeito em continuar perseguindo os mesmos objetivos de seus pares, de modo que este poderia se sentir motivado a deliberar em concordância somente com os sócios novos. Para nosso objetivo introdutório neste livro, iremos supor que esse tipo de dificuldade não esteja em curso, e assim classificaremos aqui de modo simplificado os sócios sempre em blocos distintos: originais e novos.

Em algumas operações, poderão estar envolvidas empresas de um porte médio ou superior, de forma que os novos sócios se tornem majoritários, exercendo o controle da companhia, ou mesmo casos em que minoritários tenham participação social de verdadeiro controle, até para imposição de um padrão de gestão e métodos, como tem acontecido com muita frequência no caso de *private equity* e outros tipos de fundos na compra de parcelas de empresas existentes.

Assim, podemos definir o Acordo dos Sócios como o instrumento jurídico no qual serão definidos e formalizados os entendimentos dos sócios sobre suas aspirações em relação à companhia no momento atual, confirmando suas expectativas em médio e longo prazos, ao mesmo tempo em que asseguram-se seus direitos sociais.

As regras de participação societária precisam estar bem delineadas, para que o mínimo possível de incertezas possa permanecer.

Nesse acordo estarão definidas as regras de convivência e de solução de conflitos societários, as regras para os casos de reestruturação societária, como fusão ou aquisição, a regulação da entrada e saída de sócios, a preferência entre eles na emissão de novas ações ou cotas, a política de investimentos e dividendos, a constituição e os modos de decisões do Conselho de Administração e da Diretoria, entre outros.

5.3 ADMINISTRAÇÃO DA EMPRESA

a. A diretoria

A diretoria deve implementar as estratégias e a orientação geral dos negócios, deliberadas e aprovadas pelo Conselho. A escolha dos diretores da empresa deve ficar a critério: i) diretamente dos acionistas em assembleia; ou ii) do Conselho de Administração; ou ainda iii), se previsto no estatuto, do Presidente Executivo da empresa (CEO).

Vale ressaltar que é natural que o bloco de sócios que detém o controle da empresa indique o seu Presidente Executivo. Todavia, assim como para o caso do presidente do Conselho, a negociação entre os blocos de sócios durante a elaboração do Acordo Societário é que será determinante para regular essa matéria, de modo que, por exemplo, seria razoável supor que um dos blocos de sócios indicasse o presidente do Conselho, enquanto o outro bloco indicasse o diretor presidente.

b. O controle

Um dos assuntos que mais interessam aos sócios de uma sociedade é determinar, via estatuto ou via acordo entre as partes, quem será o sócio ou o grupo de sócios que deterá o controle da companhia, isto é, será aquele que possui matematicamente o maior número de ações, ou outro qualquer que possuirá certa quantidade obrigatória de cotas ou ações nas deliberações sociais e o poder de eleger a maioria dos administradores de uma pessoa jurídica e assim poderá dirigir as atividades da empresa.

É comum que, ao se negociar uma empresa, seja estimado um percentual sobre o preço de venda pela aquisição do controle da mesma. Sua voz decisória, pode ter, e muitas vezes tem, um valor econômico próprio para além do voto da ação ou do valor patrimonial das ações ou da cota em si mesma.

c. **Quórum de aprovação em deliberações nas Assembleias e/ou Reuniões de sócios**

Ressalvadas as matérias, listadas a seguir, cuja aprovação esteja submetida aos termos da legislação adotada pela sociedade (Código Civil e/ou Lei das S/A), há quem recomende que a Reunião de sócios delibere exclusivamente, com aprovação de pelo menos 75% (na verdade esse percentual deve ser definido entre os sócios atendendo às peculiaridades da estrutura societária) do capital social da sociedade, enquanto as demais sejam definidas por maioria absoluta dos sócios, metade mais uma das cotas:

- qualquer modificação do contrato social (incluindo aumento ou redução do capital social da sociedade e cancelamento de cotas);

- criação, emissão, cancelamento, grupamento, resgate ou a autorização para a criação, emissão, cancelamento, grupamento, resgate ou amortização de qualquer valor mobiliário pela sociedade ou pelas suas controladas, inclusive no contexto de oferta pública inicial de distribuição primária de ações de emissão da sociedade e de oferta pública subsequente (*follow on*), bem como respectivos pedidos de registro de companhia aberta e de oferta, ou de fechamento de capital junto à Comissão de Valores Mobiliários; distribuição ou retenção de lucros, dividendos ou juros sobre o capital próprio, observado o que for disposto no Acordo de Cotistas ou Acionistas;

- aprovação do plano geral de negócios e dos orçamentos anuais;

- fixação da remuneração anual global dos Diretores;

- aprovação da celebração e alteração das condições financeiras de contratos financeiros e outros instrumentos de dívida em valor individual ou por conjunto de operações similares dentro de um mesmo exercício social em valor que represente no mínimo 10% da receita líquida do último exercício;

- aprovação da celebração ou de alteração das condições financeiras de eventuais operações de derivativos a serem realizadas diretamente pela sociedade em valor individual ou por conjunto de operações similares dentro de um mesmo trimestre em valor que represente no mínimo 5% da receita líquida do último exercício;

- celebração de acordos para prevenir ou pôr fim a litígios cujo valor exceda, dentro de um mesmo trimestre, em conjunto ou individualmente, o mínimo de 10% da Receita Líquida do último exercício;

- aprovação de qualquer investimento de capital (capex) superior às aprovações do orçamento anual em valor que represente no mínimo 10% da receita líquida do último exercício;

- celebração de qualquer contrato ou negócio com acionista, cotista ou parte relacionada, ainda que em bases de mercado;

- aprovação da aquisição, alienação ou oneração de qualquer ativo, móvel, imóvel, incluindo qualquer ativo que passe a ser parte integrante do ativo permanente da sociedade, ou a celebração de qualquer contrato nesse sentido, em valor que represente no mínimo 10% da receita líquida do último exercício;

- aprovação da outorga de garantias reais ou fidejussórias, incluindo avais com relação a obrigações de terceiros, sócios ou partes relacionadas, que não seja decorrente do curso normal dos negócios;

- aprovação de qualquer operação que envolva (i) a aquisição, oneração e alienação de qualquer participação substancial em qualquer outra pessoa jurídica; (ii) eventual subscrição de ações, cotas ou outros títulos e valores mobiliários emitidos por outras pessoas; (iii) constituição de outras sociedades; ou (iv) formação de associações, *joint ventures* ou consórcios ou grupos de sociedades ou aliança similar com terceiros, ressalvados investimentos regulares no mercado financeiro e de capitais;

- aprovação da exoneração de terceiros do cumprimento de obrigações;

- aprovação da contratação de auditores independentes da sociedade;

- deliberação e aprovação de fusão, incorporação, cisão ou outra operação de reestruturação societária da sociedade, bem como a incorporação de ações ou cotas, ou de outra sociedade, pela sociedade; aprovação da transformação da sociedade;

- autorização para confessar ou pedir falência ou requerer recuperação judicial ou extrajudicial;

- dissolução, liquidação, extinção ou cessação do estado de liquidação da sociedade (incluindo a nomeação do liquidante); e

- rescisão de qualquer contrato, acordo ou convênio com planos de saúde.

5.4 A PROPRIEDADE DAS AÇÕES OU COTAS

a. Mecanismos de transferência e/ou alienação

O Acordo Societário também deverá prever os mecanismos de transferência e/ou alienação da participação societária. Caso quaisquer dos sócios, originais ou novos, deseje alienar parte ou a totalidade das suas cotas ou ações, diretamente ou por meio de alienação indireta, o sócio alienante deverá antes oferecer tais cotas ou ações aos demais sócios da empresa, os quais terão *Direito de Preferência* para adquirir a totalidade das cotas ou ações objeto da alienação.

Caso os sócios, conjunta ou individualmente, pretendam alienar parte ou a totalidade de suas cotas ou ações para um terceiro interessado, não poderão efetivar a operação sem antes ter oferecido aos sócios originais a oportunidade de exercer, primeiramente, o Direito de Preferência, e/ou optar pelo instrumento do *tag-along*, que consiste no exercício do direito de alienar até a totalidade de suas cotas ou ações ao terceiro interessado, na mesma proporção e nas mesmas condições (inclusive de preço) ofertadas pelo terceiro interessado aos sócios novos, e, na hipótese de a oferta envolver a transferência do controle da empresa, os sócios originais terão o direito de venda conjunta da totalidade de suas cotas pelo mesmo preço e nas mesmas condições da oferta constantes de eventual notificação de preferência.

Por sua vez, a hipótese do instituto do *drag-along* poderia ocorrer na eventualidade de os sócios novos (nesse caso, leia-se majoritários), conjunta ou individualmente, pretenderem alienar a totalidade das cotas ou ações, direta ou indiretamente, de sua titularidade para um terceiro interessado; os sócios novos terão o direito de determinar que essa alienação envolva também a totalidade das cotas ou ações detidas pelos sócios originais (minoritários), desde que, em primeiro lugar, a oferta do terceiro interessado inclua oferta irretratável e irrevogável para a aquisição de todas as cotas ou ações de todos os sócios originais, por um preço igual a 100% do preço ofertado aos sócios novos, e que aos sócios originais sejam oferecidas as mesmas condições de alienação que as da ofertada aos sócios novos, bem como será garantido aos sócios originais que estes não tenham nenhuma obrigação de indenizar o terceiro interessado por qualquer passivo, contingência ou insuficiência ativa da sociedade.

Costuma-se estipular no Acordo Societário que o preço ofertado pela totalidade das cotas ou ações de titularidade dos novos sócios (em especial quando se trata de investidores financeiros) seja igual ou superior a um algum indicador financeiro a ser acordado entre os sócios, por exemplo, o *Enterprise Value/Earnings before interest, taxes depreciation and amortization* (EV/Ebitda), do exercício imediatamente anterior ao recebimento da oferta do terceiro interessado.

O instituto do *tag-along* está comumente associado a um mecanismo de defesa dos sócios minoritários, que assim seguirão o aumento de capital proposto eventualmente pelos majoritários, nas mesmas condições, respeitadas as devidas proporções sobre o capital, da mesma forma que o *drag-along* está para os majoritários. O *tag-along* assegura também que os minoritários recebam o mesmo preço ofertado para os majoritários/controladores.

No caso do *drag-along*, se um majoritário ou algum dos minoritários obtiver uma oferta para sua fração de capital da empresa, ele pode exigir que os minoritários também se juntem à venda alienando sua parcela em condições iguais. Isso favorece a venda total da empresa muitas vezes buscada por instituições de *venture capital*.

b. Limitações temporais — período de *lock-up*

Pode-se convencionar que durante certo tempo, chamado de "período de *lock-up*", os sócios originais, conjunta ou individualmente, não poderão alienar ou onerar, direta ou indiretamente, as suas participações na sociedade, salvo mediante prévia aprovação, por escrito, da totalidade dos sócios novos. A mesma regra vale para os sócios novos, que deverão buscar a aprovação perante a totalidade dos sócios antigos. Isso favorece certa estabilidade na empresa, a partir de seu novo controle societário.

Tendo sido superado o período de *lock-up*, qualquer dos sócios originais poderá alienar ou onerar a sua participação societária, devendo, no entanto, em qualquer hipótese, respeitar todas as disposições previstas no Acordo Societário e nos mecanismos expressos no Acordo de Sócios (direito de preferência, *tag-along*, *drag-along* etc.).

5.5 A CLÁUSULA DE NÃO CONCORRÊNCIA

Nos mais diversos setores da economia, observamos sócios desejosos de expandir ou dar prosseguimento a suas atividades, mesmo após a ocorrência de uma reestruturação societária. Nesse caso, os demais sócios, especialmente novos sócios, podem sentir-se ameaçados estrategicamente, dada a iminência de um poderoso concorrente estar surgindo.

Tendo em vista tais situações, sugere-se que a partir da data de assinatura do Acordo Societário os sócios, enquanto forem titulares de cotas e/ou ações de emissão da sociedade, se obriguem a não concorrer e a não se associar a qualquer outra pessoa para concorrer, direta ou indiretamente, com a empresa em questão, ou até mesmo sua eventual sucessora, em relação às atividades desempenhadas por esta, dentro de determinado território (por exemplo, no plano estadual ou nacional), bem como ficarão impedidos de deter, direta ou indiretamente, participação societária em sociedade que realize ou desenvolva as atividades dessa empresa dentro desse mesmo território.

É possível ainda dedicar uma exceção a essa vedação à concorrência, na qual surge a necessidade de autorização prévia e expressa de sócios que representem pelo menos 75% do capital social da sociedade.

Em todo caso essa cláusula é muito discutida nos tribunais quanto a sua extensão e mesmo sua validade *vis-à-vis* a negociação existente.

5.6 RESPONSABILIDADES APÓS A NEGOCIAÇÃO — CONTINGÊNCIAS ATIVAS E PASSIVAS

Conforme exposto no capítulo anterior, todo esse importante quadro da sociedade deve merecer a indispensável *due diligence*, vale dizer, a análise e os estudos minuciosos dos ativos e passivos envolvidos.

5.7 POLÍTICA DE DIVIDENDOS

a. Reserva de capital e novos investimentos

A sociedade regularmente necessitará que parte de seus lucros seja destinada a reserva de capital ou investimento, de tal forma que os sócios precisam estar conscientes da necessidade de se estabelecer um valor mínimo aceitável para ser destinado a essas demandas, sem afetar a expectativa dos mesmos com relação ao recebimento dos dividendos.

Recomenda-se que seja adotada uma política de dividendos que privilegie a distribuição máxima do lucro líquido apurado pela sociedade, descontada eventual retenção para investimentos e gastos previstos em plano de negócios da sociedade expressamente aprovados na Assembleia ou Reunião de Sócios, respeitando os termos previstos no Acordo Societário.

b. Remuneração aos acionistas

Não obstante as necessidades de reserva de capital e de novos investimentos, os sócios devem garantir um percentual mínimo do lucro líquido a ser distribuído na forma de dividendos, independentemente dos planos de negócios, orçamentos anuais da companhia e nos limites da legislação.

Assim, sugere-se que seja estabelecida a distribuição em cada exercício social de percentual do lucro líquido apurado com base nas demonstrações financeiras do exercício social correspondente, de modo que o restante seja destinado à constituição de reserva de capital e de novos investimentos. Poderá ainda ser estabelecido um montante de capital para ser destinado anualmente às contas reserva de capital e investimentos, de tal sorte que a distribuição de dividendos obedeça a este critério.

Anexo
Gerenciamento de riscos na Governança Corporativa

Paulo Gurgel Valente

A.1 INTRODUÇÃO

Heráclito, filósofo grego de Éfeso que viveu de 540 a 475 a.C., foi possivelmente um dos primeiros a propor os conceitos de mudança e movimento permanentes, em lugar daquilo que seria perene, o que obviamente implica a noção abrangente de riscos.

Como um dos fundadores da metafísica, ele aceitava a ideia geral da unidade da natureza, mas negou a "teoria do ser". Para Heráclito, o fato fundamental uniforme na natureza seria a mudança permanente: "tudo é" e "não é" ao mesmo tempo, constituindo-se o princípio da relatividade, no qual a harmonia e a unidade advêm da diversidade e da multiplicidade, rejeitando o conceito de "sendo" para a percepção de "em transformação".

Mais de dois mil anos à frente, já no século XVII, embora remotamente em relação a nossa época, William Shakespeare (1564-1616), na peça *O mercador de Veneza*, apresentou uma trama central sobre o conceito de risco, entre outros aspectos, em que o negociante (*merchant*), Antonio, contratava um exótico empréstimo "sem juros", com o banqueiro Shylock, para ajudar um amigo, mas com uma multa que seria de uma libra-peso extraída de seu próprio corpo em caso de inadimplência.

Antonio era um investidor em navios e viagens arriscadas em busca de mercadorias de outros continentes, que, por meio de outro personagem, Salério, tinha seus negócios avaliados, como pode-se observar no trecho:

"Pensando, enfim, o que valia muito
Pode não valer nada. E, se capaz
De pensar nisso, como não seria
Capaz de imaginar minha tristeza
Se algo como isso acontecesse?"
(ato I cena I)

Podemos encontrar em Adam Smith (1723-1790) colocações precursoras sobre a Governança Corporativa e os riscos tomados pelos diretores, sem o conhecimento dos proprietários, conforme transcrevemos a seguir, do Livro Quinto, Capítulo 1, de sua obra principal, *A riqueza das nações*, de 1776:

"Os negócios de uma companhia por ações são sempre geridos por uma diretoria. Essa diretoria está frequentemente, em muitos aspectos, sob o controle da assembleia de acionistas. Mas a maior parte dos acionistas raramente pretende entender alguma coisa sobre os negócios da empresa, e, quando o espírito de associação não prevalece entre eles, não se dão ao trabalho de se preocupar com o assunto, recebendo alegremente o dividendo semestral ou anual que os diretores queiram atribuir aos proprietários. O desprendimento dessas questões e de seus riscos, além de certo valor limitado, encoraja muitas pessoas a serem aventureiras nas sociedades anônimas, que dificilmente entregariam suas poupanças a uma empresa limitada, em que houvesse responsabilidade compartilhada."

Já no século XX, no Brasil, Guimarães Rosa cunhou a expressão, através de seu personagem Riobaldo, do romance *Grande sertão: veredas*, de que "viver é muito perigoso", o que reflete na versão sertaneja a concepção do risco, pessoal ou empresarial.

Tudo, portanto, que está, nessa ótica, sujeito à mudança está em risco possível, cabendo ao consultor avaliar a noção da evolução de fatos possíveis para os prováveis, com todas as nuances e amplitude infinitesimais das probabilidades.

Se a natureza do mundo é a mudança constante, o conceito de risco fica estabelecido pelo desconhecimento de para onde ou, para o que, as coisas mudam, tendo aplicação na física, semelhantemente na economia e no mundo dos negócios. Como gerenciar esses riscos é, portanto, uma questão com que o consultor deve se preocupar, planejar e tentar quantificar, estando no monitoramento atento desse quadro.

Assim, inicialmente, através dos demonstrativos financeiros de uma empresa em determinada data, verificamos que os diversos itens estão valorizados por critérios específicos que atribuíram um valor monetário aos direitos (ativos) e deveres (passivos) daquela empresa.

Os valores dos ativos (caixa, aplicações financeiras, contas a receber, estoques, imobilizado, entre outros) todos estão valorizados segundo critérios que podem ser contestados, inclusive porque grande parte deles está relacionada com o futuro incerto (as aplicações, seja pelo tipo de remuneração que pode ser variável, seja pela avaliação do crédito das instituições financeiras emissoras dos títulos, seja pelos recebíveis de venda, pelo valor de venda ou custo dos estoques e, por fim, do próprio imobilizado, máquinas e imóveis, sujeitos às oscilações de valor no mercado, obsolescência física ou tecnológica, e não somente ao seu custo histórico).

Quanto ao passivo, as obrigações com fornecedores, impostos, pessoal, bancos e com os próprios acionistas estão sujeitas a risco. No tocante aos resultados, vamos examinar como cada conta contém seu elemento de risco.

Assim sendo, passaremos a examinar os detalhes de riscos sob os seguintes aspectos:

- Aqueles claramente identificáveis nas demonstrações financeiras da empresa;

- Riscos exógenos às demonstrações financeiras, isto é, contingências não registradas, ativas ou passivas, no tocante a aspectos jurídicos, ambientais e regulatórios, bem como sobre o cenário macroeconômico em que a atividade da empresa se desenvolve;

- Conceitos sobre o gerenciamento de riscos corporativos, frequentemente mais aplicáveis às instituições financeiras e à administração de carteiras de investimento (*Value at Risk — VaR*), mas com reflexos de interesse para os acionistas e administradores de empresas industriais, comerciais ou de serviços.

Em seguida, mencionaremos casos recentes ocorridos no Brasil, extremamente graves, de erros de Governança Corporativa quanto à avaliação de riscos.

A.2 RISCOS IDENTIFICÁVEIS POR MEIO DOS DEMONSTRATIVOS FINANCEIROS

Se analisarmos os demonstrativos financeiros de uma empresa, temos as seguintes percepções mais óbvias de risco, discriminadas por item, seja no ativo ou passivo.

Observa-se que a Deliberação CVM n.º 489, de 03/10/2005, definiu, para fins de classificação dos ativos e passivos em contingentes ou não, os termos *praticamente certo, provável, possível* e *remoto* com as seguintes significações:

Praticamente certo. Este termo é mais fortemente utilizado no julgamento de contingências ativas. É aplicado para refletir uma situação na qual um evento futuro é certo, apesar de não ocorrido. Essa certeza advém de situações cujo controle está com a administração de uma entidade e depende apenas dela, ou de situações em que há garantias reais ou decisões judiciais favoráveis sobre as quais não cabem mais recursos.

Provável. A chance de um ou mais eventos futuros ocorrer é maior do que a de não ocorrer.

Possível. A chance de um ou mais eventos futuros ocorrer é menor que provável, mas maior que remota.

Remoto. A chance de um ou mais eventos futuros ocorrer é pequena.

A.2.1 Riscos ativos

Caixa e bancos: geralmente as empresas não mantêm um valor elevado disponível em caixa, a não ser que sua operação exija tal medida, como empresas de ônibus, supermercados, enfim, que comercializam valores unitariamente baixos em que há tradição de usar papel-moeda. O risco associado a essa operação é claramente o de fraudes, furtos, roubos, desvios, o que pode ser minimizado através de seguros, naturalmente ao custo do prêmio cobrado pelas seguradoras.

A questão das disponibilidades em banco, seja em conta-corrente ou em aplicações financeiras, tem sempre a associação com o conceito da instituição financeira na qual estão depositados ou aplicados os recursos. No passado, no Brasil, existia uma noção de que o risco moral (*moral hazard*), isto é, a aplicação de recursos em bancos de baixa credibilidade, com taxas acima do mercado, seria viável pois o Banco Central sempre viria em socorro, como foi o caso do Programa de Estímulo à Reestruturação e ao Fortalecimento do Sistema Financeiro Nacional (Proer), que prevaleceu entre 1995 e 2001. A tendência em geral mudou, houve diversos casos em que aplicações em bancos que entraram em processos de dificuldades, não foram resgatadas, de modo que ter uma boa distribuição de recursos em bancos bem-conceituados é uma questão de bom gerenciamento.

Em relação aos tipos de aplicações financeiras, temos diversas avaliações de risco em função da diversidade de papéis disponíveis, seja de renda fixa, ações, fundos de toda espécie, metais etc. tudo tendo que ser ponderado, inclusive de forma dinâmica em relação aos passivos. Um dos maiores riscos financeiros é o de se trabalhar com "moedas cruzadas" no ativo e no passivo, por exemplo, ter aplicações em moeda local e endividamento indexado em moeda estrangeira, ou vice-versa; esses casos de moedas cruzadas levaram ao conceito de *hedge*, expandido para os derivativos, que gerou tantos e graves problemas, como veremos resumidamente em outra seção deste Anexo.

Os registros contábeis ligados ao "contas a receber" estão naturalmente entre os riscos mais prováveis de um empreendimento. Como é tradicional na maioria das empresas industriais, comerciais ou de serviços, as vendas são a prazo, isto é, entregam-se os bens ou serviços na expectativa de recebimento em 30, 60 ou mais dias, quando não em períodos mais longos. Esses valores podem se acumular e constituir riscos importantes de não recebimento.

Uma empresa bem administrada terá sempre uma gerência de crédito e cobrança que avaliará previamente o nível de risco admissível para a empresa conceder crédito a determinado cliente. O monitoramento desse fluxo de recebimentos é vital para que haja uma coordenação com a gerência de vendas.

A análise de crédito deverá considerar não só a qualidade das demonstrações financeiras do cliente, seu histórico, outras referências de serviços de informações do mercado, mas também o comprometimento que se deseja ter com esse cliente e a diversidade e a concentração de riscos em somente poucos credores.

A gerência inadequada do "contas a receber" constitui uma das maiores fontes de riscos ao equilíbrio financeiro de uma empresa.

No tocante aos estoques, há diversos riscos identificáveis, relacionados com a sua guarda correta do ponto de vista físico, de manutenção propriamente dita, como de roubos. De forma mais complexa, pode haver, nos estoques, elementos de baixa rotatividade que não representam de fato mercadorias passíveis de venda, seja pela obsolescência ou por outros motivos. É imprescindível identificar também não somente a qualidade como a quantidade, isto é, saber se o volume de estoque de qualquer item está adequado ao ritmo de produção, seja por eventual falta ou excesso. Em muitos casos de excesso, nota-se uma aplicação concentrada em estoques sem retorno no tempo adequado, o que pode prejudicar o fluxo de caixa da empresa. Esses conceitos se aplicam igualmente a estoques de matérias-primas, produtos intermediários ou produtos acabados.

Quanto ao imobilizado, podemos discriminar o gerenciamento de riscos por tipo: máquinas e equipamentos ou imóveis e instalações industriais, comerciais ou de serviço.

Na questão de máquinas e equipamentos, ficam claros os riscos de manutenção, obsolescência, falta e reposição de peças e adequação à fabricação. Há também que se considerar a necessidade periódica de adquirir novos equipamentos que tenham recursos tecnológicos eficientes frente à disponibilidade de caixa ou financiamentos adequados para a compra.

No tocante aos imóveis, há naturalmente os riscos que podem ser objeto de seguros contra incêndio e calamidades da natureza, mas também os relacionados com a valorização ou desvalorização, desapropriação pelas autoridades, ambientais, problemas de documentação que assegurem a legítima propriedade, posseiros, invasões e regiões de alta periculosidade, além de outros fatores.

A.2.2 Riscos passivos

Quanto às principais contas de passivo, há muito que se fazer quanto à avaliação dos riscos corporativos, a saber:

Fornecedores: identificado que os débitos são legítimos e regulares, há sempre a avaliação sobre a excessiva concentração e a possibilidade de contar com fornecedores alternativos, tanto do ponto de vista comercial quanto logístico e tecnológico. No tocante à forma de pagamento, em muitos casos, os títulos de crédito, como as duplicatas ou notas promissórias, são entregues aos bancos com direitos sobre os créditos, e a eventual renegociação de prazos de pagamento poderá ser crítica. Há casos de fornecedores com contratos de longo prazo, superior a um ano, com cláusulas de reajuste que devem ser ponderadas; nesse item naturalmente há os riscos associados a obrigações em moedas estrangeiras e as oscilações que devem ser simuladas.

Tributos: os riscos estão associados ao cálculo correto e às possibilidades frequentes de erros e omissões, o que tem sido agravado pela extrema complexidade e alterações frequentes pelas autoridades fiscais, em qualquer nível. Assim, a questão é de tal gravidade que se recomenda que haja um processo contínuo de auditoria tributária cujos relatórios sejam periodicamente submetidos aos acionistas e administradores.

Bancos: como já mencionado no lado do ativo, há a necessidade de avaliação sobre os montantes devidos, a que instituições, bem como as taxas, fórmulas de reajuste, moedas, garantias físicas e avais dos administradores e acionistas.

Salários e encargos: tão séria quanto a questão dos tributos, a exatidão dos compromissos com pessoal e os elevados encargos trabalhistas e seus cálculos muitas vezes complexos exigirão um relatório periódico de auditores internos e/ou externos; da mesma forma, eventuais processos trabalhistas em curso devem ter suas possibilidades de êxito avaliadas, na classificação habitual para esses tipos de causas judiciais.

Provisões: há diversas provisões possíveis de serem contabilizadas, sejam ou não consideradas dedutíveis pelas autoridades fiscais, mas que devem ser revistas periodicamente pelos auditores.

Outras exigibilidades: caso a caso, uma empresa poderá ter exigibilidades a serem analisadas que não estejam nas categorias aqui mencionadas anteriormente e que necessitem de um gerenciamento adequado.

A.3 RISCOS EXÓGENOS ÀS DEMONSTRAÇÕES FINANCEIRAS

Para efeitos didáticos, classificamos os riscos exógenos às demonstrações financeiras como: mercado, crédito, operacional, legal, estratégico, ambiental, tecnológico, macroeconômico e de marcas, licenças e patentes. Vale notar que a classificação não é nem exaustiva nem excludente, ou seja, um mesmo caso pode ser enquadrado em dois ou mais tipos de risco, sem que seja possível separá-los na prática. Convém ressaltar que a quantificação dos diversos riscos foge ao escopo da presente abordagem: as metodologias envolvem modelos estatísticos e/ou econométricos, e suas aplicações devem ser avaliadas individualmente, conforme as necessidades das diferentes empresas.

Embora a classificação seguinte possa estar incluída indiretamente nas demonstrações financeiras, convém discriminar em conceitos mais amplos a saber.

A.3.1 Mercado

Falar sobre "riscos de mercado" em geral é bastante complexo, pois a natureza de distintos mercados é que pode determinar o grau de incerteza. Há casos clássicos de previsões baseadas em séries temporais de evolução de consumo e correlações bastante confiáveis da demanda em função de variáveis independentes; há variações inesperadas que podem fazer uma empresa seguir seu curso esperado ou, contrariamente, passar por grandes dificuldades e até mesmo desaparecer.

Empresas dependentes de um produto só, ou de um conjunto de produtos semelhantes, como *commodities* minerais e agrícolas (desde petróleo até minério de ferro, minerais não ferrosos, soja, café, açúcar, trigo), estão sujeitas a flutuações de difícil previsão.

Vejamos alguns exemplos de riscos de mercado de nossa experiência profissional. Uma empresa química dependia de licenças internacionais para vender produtos a empresas no mundo inteiro. Subitamente, a empresa licenciadora no exterior entra em falência, sem nenhum anúncio prévio de dificuldade, e, da noite para o dia, a empresa perde a capacidade de manter seus contratos de fornecimento de longo prazo. Por sorte, nesse caso, a empresa química conseguiu em curto prazo obter outra licença e manter seu funcionamento. Esse caso poderia estar classificado como "risco de mercado", ou, ainda, "risco tecnológico ou de marcas".

Outro caso real: uma empresa fabricante de grandes equipamentos sob encomenda, cujo adquirente era monopolista estatal e praticamente ditava as regras. A fórmula de reajuste de preços dos produtos em elaboração era de tal configuração distante da realidade que quando o equipamento era entregue o preço correspondia a 20% do preço contratado inicialmente, num ambiente de inflação alta; de novo, esse risco pode ser considerado de mercado (fornecimento a um monopolista) ou macroeconômico pelo efeito da inflação não previsível e não repassável aos preços.

Mais um caso curioso: um fabricante de bebidas planejou uma expansão de capacidade em 100% para determinado mês, em que se esperava um *boom* de consumo; no mês da inauguração, chuvas inesperadas fizeram o consumo alcançar somente 35% da nova capacidade, não justificando a expansão por longo tempo e afetando o retorno esperado dos investimentos.

Os exemplos não param de mostrar riscos importantes. A construção do túnel sob o Canal da Mancha, para passar o trem de alta velocidade ligando o continente europeu à Grã-Bretanha, foi precedida de um longo estudo, com diversas hipóteses de concorrência (avião, navios etc.) para demonstração a mais de 100 grandes investidores internacionais. A obra durou muito mais tempo do que esperado, a custo várias vezes mais alto, e o retorno após anos de operação ainda não é satisfatório; no Brasil, grandes projetos como Itaipu e metrô de diversas cidades foram sujeitos a adiamentos, aumento de custos e oscilações de mercado. Na área privada, a instalação dos canais de TV a cabo de determinada concessionária atingiu, depois de muitos anos, somente 15% do número de assinantes inicialmente previsto, fazendo com que o projeto com elevado financiamento externo em moeda diferente da receita levasse o grupo empresarial a uma concordata branca, revertida a muito custo com árduas negociações.

A.3.2 Crédito

O risco de crédito constitui-se, de maneira bastante simplificada, no risco de o tomador de crédito não pagar suas obrigações. Esse item é de especial interesse para as instituições que emprestam recursos, pois de alguma forma estão intermediando o risco.

De modo geral, as condições de crédito oferecidas aos clientes são os casos mais clássicos de riscos corporativos, devendo, portanto, ser objeto de análise cuidadosa de avaliação de concentração em determinados clientes, análise criteriosa de sua capacidade financeira e bons controles internos de suspensão de entregas em caso de inadimplência, ainda que temporária.

Da mesma forma, sob a denominação risco de crédito, podemos imaginar os efeitos indesejáveis de uma crise internacional como uma generalização de riscos amplamente repassada entre os agentes econômicos — como a que eclodiu em 2008 no cenário internacional para empresas altamente dependentes de recursos de terceiros. Interessante notar que o fundamento dessa crise estava justamente no desconhecimento do montante de risco envolvido nas operações, já que não havia lastro para tamanha alavancagem dos agentes.

A.3.3 Operacional

Sob o título de risco operacional, estamos considerando tudo que pode estar vinculado ao desempenho da empresa em fabricar seus produtos ou prover seus serviços. Isso inclui desde falhas no fornecimento de matérias-primas a problemas de maquinário, pessoal, intempéries; enfim, cada evento tem de ser levantado segundo as características de cada operação para exame dos riscos.

A.3.4 Legal

Os riscos legais podem assumir diversas formas. Tudo que acontece em uma empresa pode ser objeto de um contrato explícito e assinado ou por interpretação verbal. Os casos mais frequentes a serem analisados são os contratos de venda e de fornecimento, os contratos de pessoal, os financeiros e aqueles associados aos diversos tributos. Além disso, há os riscos societários de má condução dos negócios, interpretação duvidosa de relacionamento com as partes relacionadas, desde acionistas minoritários, passando pelas diversas autoridades governamentais, e até mesmo de relacionamento com a concorrência, haja vista o rigor da nova legislação de defesa econômica, com o risco de formação de cartéis e outras práticas no passado largamente aceitas e hoje fora do padrão legal.

A.3.5 Estratégico

Para definir estratégia podemos utilizar a acepção mais aceita: a arte de aplicar com eficácia os recursos de que se dispõe ou de explorar as condições favoráveis de que porventura se desfrute, visando ao alcance de determinados objetivos. É um conceito muito amplo, mas, não obstante, deve ser examinado em cada empresa segundo seu tipo de operação, nos mais diversos setores: vendas, produção, financeiro, suprimentos, tecnologia, enfim, concentrando-se nos itens que mais se apliquem a cada negócio.

A.3.6 Meio ambiente

O conceito de meio ambiente é muito extenso, mas podemos vislumbrar os riscos corporativos ainda na fase de instalação, ligados à possibilidade de obtenção de licenças de instalação e funcionamento, até quando a empresa já está em operação e sua atividade pode agredir o ambiente. Na área industrial são muito frequentes os problemas com o destino de rejeitos industriais e seus riscos de contaminação.

A.3.7 Tecnológico

Do ponto de vista tecnológico, todo empreendimento tem seu *know-how* específico, que cada vez é objeto de aceleração de conhecimentos e novidades que podem rapidamente tornar o modo de produção atual obsoleto em termos de produtos e custos. Os riscos tecnológicos incluem a capacidade própria da empresa, muitas vezes investindo altos valores em pesquisa e desenvolvimento de produtos de aceitação incerta, além dos aspectos de fornecimento de tecnologia de terceiros, a possibilidade de fraudes, o comportamento da concorrência causando surpresas, todos aspectos que merecem um estudo específico.

A.3.8 Marcas, licenças e patentes

Empresas comerciais, industriais ou de serviços com frequência organizam suas respectivas produções utilizando marcas de terceiros, geralmente já consagradas, por meio de acordos de licenciamento, e, assim, vão poupando o tempo e os recursos necessários para formar uma marca própria, ainda contando com o sucesso já alcançado pelo licenciador.

Os contratos de licenciamento de marcas são temporais, e muitas vezes suas possibilidades de renovação ou interrupção podem se constituir num risco corporativo importante. O mesmo se aplica às patentes, com o agravante de que depois de certo tempo elas podem cair em domínio público, o que deve ser cuidadosamente avaliado.

Um exemplo curioso é o do mercado editorial. Como se sabe, se as editoras pretendem publicar títulos em domínio privado, isto é, cujos detentores estão vivos ou que tenham falecido há menos de 70 anos, como está na legislação brasileira, é necessário que a editora obtenha os direitos exclusivos de publicação por prazo determinado, geralmente cinco anos. Esse fato faz com que as editoras sejam sempre dependentes das licenças de terceiros para manter seu catálogo, o que confere um permanente risco corporativo da não renovação eventual de um título importante, muitas vezes dos mais vendidos. Nessa ótica, uma editora, se não fizer novos contratos, terá em média somente dois a três anos de vida remanescente. Obviamente essas empresas estão atentas para a renovação constante de seu catálogo com a adição de novos títulos.

A.3.9 Macroeconômicos

Como riscos macroeconômicos, podemos identificar aqueles relacionados com o mercado, que estarão sujeitos aos ciclos econômicos de natureza imprevisível, além de outras variáveis importantes, como inflação, variação cambial, restrições de regulamentação de cada setor, riscos de legislação mutável, variação no nível de emprego e renda dos consumidores.

Para os setores com maior abertura às importações, por exemplo, a variável taxa de câmbio com certeza é muitíssimo relevante, e suas oscilações podem causar efeitos na concorrência no mercado inteiro. Por exemplo, com o câmbio valorizado, ocorre no mercado interno forte competição com os importados.

Setores concentrados e com maior regulação, como os de saúde, aviação e petróleo, são mais afetados por questões institucionais alheias ao controle da empresa. Como se percebe, os exemplos não se esgotam, dadas as especificidades de cada atividade.

A.4 CASOS RECENTES DE ERROS DE GOVERNANÇA CORPORATIVA EM ADMINISTRAÇÃO DE RISCOS NO BRASIL

Apresentamos nesta seção dois casos notórios em que falhas na identificação dos riscos corporativos geraram perdas para grandes empresas, a ponto de causar perda de controle, troca de acionistas e fusões e aquisições de grande vulto. Destacam-se as recentes "crises de derivativos" enfrentadas pela Sadia e pela Aracruz.

Entendemos essa "crise de derivativos" como um encadeamento de riscos corporativos. Nesses casos, o encadeamento começa com um problema de risco operacional elevado (excesso de *hedge* cambial), que se configura num risco de mercado, operações não devidamente reportadas aos Conselhos de Administração. Mas, ainda que reportadas, tais operações devem ser bem traduzidas para os Conselheiros, que agem melhor em não aprovar o que desconhecem do que seguirem um movimento aparentemente isolado da diretoria executiva.

A partir desse problema, registrou-se outro risco, o de liquidez, uma vez que não se sabia ao certo a capacidade das empresas de honrar seus compromissos. Esse ponto foi especialmente grave para o caso da Sadia, pois gerou também o "risco de reputação", aquele associado à imagem da empresa, envolvida à época numa negociação de fusões e aquisições com a Perdigão, que viria depois a se concretizar em 2009, com a criação da Brasil Foods.

A análise dos riscos associados às operações com derivativos é bem mais extensa do que se pretende nesta seção. No caso da Sadia e da Aracruz, ambas com operações de derivativos cambiais, as enormes perdas registradas se deveram à alta inesperada da taxa cambial, que em última instância ocorreu pela crise financeira internacional que poucos previram.

É prática comum para empresas que atuam fortemente em exportação buscar instrumentos financeiros de proteção quanto às oscilações cambiais. Esses instrumentos financeiros, entretanto, também podem ser usados como especulação financeira no mercado de câmbio. Como se sabe a diferença entre o remédio e o veneno é a dose. No caso de empresas comerciais, tais instrumentos devem ser usados somente para que a empresa preserve seus ganhos usuais; não se deve utilizá-los em excesso para fins especulativos, expondo-se assim a riscos graves e talvez mal-dimensionados. Esse parece ter sido o caso da Sadia e da Aracruz, cuja operação com derivativos cambiais excedeu a política das empresas e gerou prejuízos milionários.

Vale notar um detalhe intrigante dessa crise de derivativos: os controles internos da Sadia e também da Aracruz foram aprovados por auditorias externas no exercício anterior. Tal fato indica que a análise dos processos internos das empresas estava muito mais focada na veracidade das informações apresentadas — preocupação que surgiu nos anos 2000 com as fraudes contábeis da Enron em 2001, notadamente — do que na detecção e mensuração de riscos potenciais e muitas vezes alheios aos demonstrativos em si, como eram os riscos cambiais associados aos derivativos.

Em resposta aos emblemáticos casos da Aracruz e da Sadia, a CVM passou a exigir que as empresas de capital aberto revelem sua política de gerenciamento de riscos de mercado, fornecendo o grau de exposição ao risco. O objetivo é que as empresas não apenas cumpram as exigências contábeis, mas que fiquem atentas aos riscos não identificáveis através de demonstrativos financeiros e sejam capazes de gerenciá-los. Para evitar a especulação com derivativos cambiais, o Banco Central passou a exigir o registro dessas operações.

Apesar de os esforços (*a posteriori*) das entidades reguladoras a fim de aprimorar os controles internos das empresas, incentivando boas práticas de Governança Corporativa, há que se atentar para a questão de que os instrumentos financeiros se modificam mais rapidamente do que as estruturas de controle. O caso dos "derivativos tóxicos" — denominação utilizada pelo mercado para os derivativos que causaram enormes perdas — é um exemplo de tal teoria. Os controles e processos mínimos estavam sendo implementados, mas não foram capazes de detectar e mensurar os riscos provenientes desse tipo de operação.

Índice

A

Ações ou cotas, propriedade das, 118
Acordo
    de acionistas, 113
    de confidencialidade, 11, 17
    de cotistas, 113
    dos sócios, 113
    societário, 118
Algoritmo, 46
Alienação
    fiduciária, 95
    mecanismo de, 119
Angels, 14
Aposentadoria dos sócios, 32
Ativo(s), 95
    compra de, 103
    monetários, 74
    sucessão de, 103
Auditor
    independente
        carta-proposta do, 71
        em uma *due diligence*, papel do, 71
    relatório do, conteúdo do, 86
Autorizações, 97

Avaliação(ões)
    de empresa, 10
    e negociação
        como transacionar as empresas, 58
        diagnóstico empresarial, 62
        modelo estimativo do valor da marca de uma empresa, 52
        múltiplos de faturamento, 46
        por que comprar ou vender uma empresa?, 30
        quanto vale a empresa?, 32

B

Balanço patrimonial, principais componentes
    ativos monetários, 74
    diferido, 80
    direitos não registrados na escrituração comercial, 76
    estoques, 76
    imobilizado, 79
    passivos monetários, 81
    patrimônio líquido contábil, 85
    pesquisa sobre contingências passivas, 83

validação dos saldos de investimentos
permanentes, 78
Bancos, 131
de investidores, 15
de investimentos, 15
Bens, 79
da sociedade de uma empresa,
exame dos, 95
do imobilizado, 80
Bolsa de valores, valor em, 36
Bona fide, 103
Business brokers, 26

C

Capital social, 85
Certidões negativas, 84
Código de ética, 25
Compra de ativo, 103
Compradores
individuais, como negociar com, 16
tipos, diversos, 12
Concessões, 97
Concorrentes, negociando com, 14
Confidencialidade, acordos de, 105
Conselheiros, tipos, 111
Conselho
Consultivo, constituição, 110
de Administração, constituição, 110
Consultores
objetivo, 7
perfil e papel, 6
Contingências ativas e passivas, 121
Contrato(s), 20
de consultoria, 7, 18
Core business, 13
Crise de derivativos, 137
Custo(s)
dos produtos vendidos, 54
variáveis, projeção de, 42

D

Desconto, taxa de, 44, 48, 57
Despesa(s)
administrativas, 57
comerciais, 57
de amortização, 57

financeiras, 57
projeção das, 43
fixas, 43
variáveis, 43
Dez erros mais frequentes na venda
de um negócio, 20
Diagnóstico empresarial
conclusões e recomendações, 67
itens a serem levantados, 64
possibilidade de realização de um, 62
processo de trabalho, 63
Diferido, ativo, 80
Direito(s)
da sociedade de uma empresa, exame, 95
de preferência, 118
não registrados na escrituração comercial, 76
Disclosure, 103
Diversificação de investimentos, 31
Dívidas potenciais, 92
Dividendos, política de, 121
Documentação, 18
Drag-along, 119
Due diligence, 18, 121
contábil
conteúdo do relatório do auditor, 86
fluxo das operações de uma empresa, 71
papel do auditor independente
em uma, 71
principais componentes do balanço
patrimonial, 73
relatório da, 19
Duplicatas de venda, 98

E

Economia
de escalas, 31
de tempo, 30
Empresa
administração da
controle, 114
diretoria, 114
quórum de aprovação em deliberações, 115
como comprar e vender uma
apresentar informações no
tempo certo, 17
como negociar com compradores
individuais, 16

dez erros mais frequentes na venda
    de um negócio, 20
diversos tipos de compradores, 12
documentação, 18
evitar precipitação na conclusão do
    negócio, 22
marketing do consultor para vender
    uma empresa, 22
mercado no Brasil e no exterior, 25
como transacionar as
    operações
        de compra, 61
        de venda, 58
de participação, 14
familiar, critérios de sucessão, 110
negociadas, governança corporativa
    nas, 107-122
negociando
    com concorrentes, 14
    com grupos de investimentos, 14
    negócios por trás das grandes fusões e
        aquisições, 26
    perfil e papel do consultor, 6
    preservar o sigilo, 11
    riscos de negociar por conta
        própria, 11
    valor do negócio, conhecer o, 10
quanto vale?, 32
razões
    para comprar uma, 30
    para vender uma, 31
Encargos, 131
Enterprise value, 119
Erros dos proprietários anteriores,
    possibilidade de aprender com os, 31
Escrituração comercial, direitos não
    registrados, 76
Estoques, 76
Exigências e cuidados jurídicos
    acordos de confidencialidade, 105
    análise dos passivos, 101
    caso da Initial Public Offer (IPO), 104
    compra ou sucessão de ativo, 103
    exame dos bens e direitos da sociedade de
        uma empresa, 95
    validade dos títulos representativos
        de capital, 93
Experiência gerencial, falta de, 32

F

Faturamento
    líquido, 54
        múltiplos de, 46
Fluxo das operações de uma empresa, ciclo
    da controladoria, 73
    da conversão, 72
    da folha de pagamento, 72
    da tesouraria, 72
    das vendas, 73
    dos desembolsos, 72
Fornecedores, 130
Full disclousure, 105
Fusões e aquisições, negócios
    por trás das, 26

G

Ganho
    de visibilidade, 31
    na formação da marca, 30
Governança Corporativa, 109
    gerenciamento de riscos
        casos recentes no Brasil, 137
        riscos
            exógenos às demonstrações
                financeiras, 131
            identificáveis por meio de
                demonstrativos financeiros, 127
    nas empresas negociadas
        administração da empresa, 114
        cláusula de não concorrência, 120
        política de dividendos, 121
        propriedade das ações ou cotas, 118
        responsabilidades após a negociação, 121
Grupo
    de investidores, 15
    empresarial, 93

H

Hedge, 128
Hipoteca, 95

I

Imobilizado, 79
Impostos, 57

Informação no tempo certo, 17
Initial Public Offer (IPO),
    caso da, 104
Instituto Nacional da Propriedade Industrial
    (INPI), 95
Investimentos
    grupos de, negociando com, 14
    permanentes, validação dos
        saldos de, 78

J

Joint ventures, 117

K

Know-how, aproveitamento de, 31

L

Laudo de avaliação, 18
Leasing, 80
Lei(s)
    da oferta e da demanda, 39
    das companhias, 104
    das Sociedades Anônimas (S/A),
        36, 109
Limitações temporais, 119
Lock-up, 119
Lucro
    bruto, 54
    líquido, 57
    operacional, 57

M

Mandato de venda, 7
Marca(s), 95
    custo de formação de uma
        nova, 52
    de uma empresa, modelo estimativo
        do valor da, 52
    ganho na formação da, 30
    no mercado, comparação com base em
        outras, 52
Margem de rentabilidade, 47
Market share, 37
Marketing do consultor para vender uma
    empresa, 22

MBA, 7
Memorando
    de entendimento, 18, 19
    de informação, 17
Mercado, 40
    ganho de, 30
    no Brasil e no exterior, 25
    players do, 9
Middle market, 6
Modelo estimativo do valor da
    marca de uma empresa, 52
Moral hazard, 128
Motivações, 30
Múltiplos de faturamento, 18
    algoritmo, 46
    crescimento das vendas, 47
    margem de rentabilidade, 47
    memória de cálculo do, 49
    valor e preço, 50

N

Não concorrência, cláusula de, 120
Negociação, responsabilidades
    após a, 121
Negociar por conta própria,
    riscos de, 11
Negócio
    estruturação da venda do, 8
    por trás das grandes fusões e
        aquisições, 26
    precipitação na conclusão do,
        evitar, 22
    valor do, conhecer o, 10
    venda de um, dez erros mais
        frequentes na, 20
Novos investimentos, 121

O

On going business, 52
Operação(ões)
    de compra, 61
    de uma empresa, fluxo das, 71
    de venda, 58
Oportunidades
    buscar, 9
    identificar, 9

P

Passivo(a)(s)
    análise dos, 101
    contingências, pesquisa sobre, 83
    monetários, 81
Patentes, 95
Patrimônio, valor contábil do, 35
Penhor, 95
Permissões, 97
Plano de negócios, 19
Players do mercado, 9
Política de dividendos, 121
    remuneração aos acionistas, 121
    reserva de capital e novos
        investimentos, 121
Prazo de projeção, 45
Preço de venda em relação ao valor estimado
    para o negócio, efeito do tempo no, 51
Private equity, 14, 113
Problemas societários, 32
Processo de comprar ou vender, 6
Produtos vendidos, custo dos, 54
Projeção
    de fluxo de caixa de empresa em
        funcionamento, 46
    prazos de, 45
Projeto em andamento, 40
Propriedade das ações ou cotas
    limitações temporais, 119
    mecanismo de transferência
        e/ou alienação, 118
Provisões, 131

Q

Quadro de funcionários, possibilidade
    de otimização de, 31

R

Razões para comprar uma empresa, 30
Relatório de *due diligence*, 19
Remuneração aos acionistas, 121
Rentabilidade, margem de, 47
Reserva de capital, 121
Risco(s)
    ativos, 128
    de crédito, 133
    de marcas, 132
    de mercado, 132
    de negociar por conta própria, 11
    estratégico, 135
    exógenos às demonstrações financeiras
        crédito, 133
        estratégico, 135
        legal, 134
        macroeconômicos, 137
        marcas, licenças e patentes, 136
        meio ambiente, 135
        mercado, 132
        operacional, 134
        tecnológico, 135
    identificáveis por meio dos
        demonstrativos financeiros, 127
    legais, 134
    macroeconômicos, 137
    operacional, 134
    passivos
        bancos, 131
        fornecedores, 130
        outras exigibilidades, 131
        provisões, 131
        salários e encargos, 131
        tecnológico, 132
        tributos, 131
Royalties, 9, 53

S

Salários, 131
Sigilo, preservar o, 11
Street business, 6
Stripping, 35
Sucessão de ativo, 103
Sucessores, falta de, 32

T

Tabela de múltiplos de crescimento
    de vendas, 48
Tag-along, 118
Taxa de desconto, 44, 48, 57
Títulos representativos de capital,
    validade dos, 93
Transferência, mecanismo de, 118
Tributos, 131

V

Validação dos saldos de investimentos
    permanentes, 78
Validade dos títulos representativos de capital, 93
Valor(es)
    contábil do patrimônio, 35
    da empresa, composição do, 35
    dos bens da empresa, cálculo, 35
    e preço, 50
    em bolsa de valores, 36
    presente líquido, 34, 53, 58
Venda, crescimento de, 47
Venture capital, 14

Pré-impressão, impressão e acabamento

grafica@editorasantuario.com.br
www.editorasantuario.com.br
Aparecida-SP